なぜ学校での体罰はなくならないのか

――教育倫理学的アプローチで体罰概念を質す――

竹田敏彦［編著］

ミネルヴァ書房

なぜ学校での体罰はなくならないのか　目　次

序　章　なぜ体罰はなくならないのか……………………………………… 1
　　1　はじめに …………………………………………………………………… 1
　　2　本書の目的 ………………………………………………………………… 2
　　3　本書の展開方法 …………………………………………………………… 4

第Ⅰ部　体罰の実態の概観

第1章　日本の体罰の実態 ……………………………………………………… 8
　　1.1　大阪市立桜宮高等学校男子生徒の体罰死事件 ……………………… 8
　　1.2　文部科学省による体罰の実態把握 …………………………………… 9
　　1.3　文部科学省による運動部活動指導のガイドライン ………………… 9
　　1.4　東京都教育委員会による都内公立学校における体罰の実態把握 …… 11
　　【資料1】体罰の実態把握 ………………………………………………… 14
　　　　　　―文部科学省第2次報告〈平成25年8月9日〉から―

第2章　法概念としての体罰 …………………………………………………… 19
　　2.1　行政解釈 ………………………………………………………………… 19
　　2.2　学　説 …………………………………………………………………… 20

第3章　体罰禁止の理念──日本型と英米型の比較 ………………………… 24
　　3.1　日本型 …………………………………………………………………… 24
　　3.2　英米型 …………………………………………………………………… 26
　　3.3　日本型と英米型の比較 ………………………………………………… 27

第4章　日本の体罰論をめぐる問題点と課題 ………………………………… 31
　　4.1　体罰概念の混乱──教育論と法理論の混在 ………………………… 31
　　　【大阪高裁判決（1955年）】　32
　　　【東京高裁判決（1981年）】　33

i

【大阪高裁判決（1955年）の判決理由】　*34*
　　　【東京高裁判決（1981年）の判決理由】　*39*
　4.2　教育論と法理論の接点を求める必要性とその課題……………*50*

第Ⅱ部　体罰概念の明確化と混乱の克服

第5章　教育倫理学的アプローチの意義と方法…………………*58*
　5.1　教育論と法理論の接点を求める教育倫理学的アプローチの試み………*58*
　5.2　教育倫理学的アプローチの目的と方法………………………*59*
　5.3　教育倫理学的アプローチによって期待されること…………*59*

第6章　「体罰概念の混乱」の克服　Ⅰ ……………………………*61*
　　　――古典的な教育論・教育学に学ぶ：エラスムスの教育論から
　6.1　教師の立ち位置として捉えられる「教育の倫理的態度」………*61*
　6.2　教師を追い詰める加担者の立ち位置として捉えられる
　　　「教育の倫理的態度」……………………………………………*63*

第7章　「体罰概念の混乱」の克服　Ⅱ ……………………………*69*
　　　――古典的な教育論・教育学に学ぶ：ルソーの教育論『エミール』から
　7.1　教師の立ち位置として捉えられる「教育の倫理的態度」………*69*
　7.2　教師を追い詰める加担者の立ち位置として捉えられる
　　　「教育の倫理的態度」……………………………………………*89*

第8章　「体罰概念の混乱」の克服　Ⅲ ……………………………*92*
　　　――古典的な教育論・教育学に学ぶ：カントの教育学から
　8.1　教師の立ち位置として捉えられる「教育の倫理的態度」………*92*
　8.2　教師を追い詰める加担者の立ち位置として捉えられる
　　　「教育の倫理的態度」……………………………………………*107*

第9章　教育の倫理的態度の追求と「体罰概念の混乱」の克服…*113*
　9.1　教育論と教育の倫理的態度……………………………………*114*
　9.2　「体罰概念の混乱」の克服……………………………………*127*

補　説　道徳的考察とミュージカル……………………………… *139*
　　【資料2】三原市立第二中学校におけるミュージカル創作の記録………… *140*

第10章　教育倫理学的アプローチによる体罰概念の構築……… *148*
　10.1　教育倫理学的アプローチの必要性と妥当性……………………… *148*
　10.2　体罰概念の構築………………………………………………… *149*

第11章　体罰が容認されない学校に向けて……………………… *156*
　11.1　学校現場の体罰リテラシー……………………………………… *156*
　11.2　学校の家庭化…………………………………………………… *158*
　11.3　学校の社会化…………………………………………………… *164*
　11.4　専門的教育空間としての学校の再生……………………………… *169*

結　語……………………………………………………………………… *175*

あとがき　*179*

引用文献一覧　*182*

参考文献一覧　*184*

序章　なぜ体罰はなくならないのか

1　はじめに

　体罰問題はいつの時代にあっても話題に上らない時がない。それほど体罰の行使は日常茶飯事となっている。とりわけ，大阪市立桜宮高等学校男子生徒の体罰死事件（2012年12月23日）[1]は大きなニュースとして取り上げられた。近年において，これほどまでに大きな波紋を投げかけた体罰問題はなかったように思われる。体罰問題は依然として深刻な状況に置かれているといわざるを得ない。
　文部科学省は，大阪市立桜宮高等学校男子生徒の体罰死事件を重く受け止め，2013（平成25）年3月13日に「体罰の禁止及び児童生徒理解に基づく指導の徹底について」という通知を発表した。体罰の禁止や懲戒と体罰の区別，体罰の防止などについての通達である。また同通知は，別紙として，「学校教育法第11条に規定する児童生徒の懲戒・体罰等に関する参考事例」を付した。学校教育現場の参考に資するよう，具体的な事例について，通常，どのように判断されうるかを示したものである。「体罰と判断される行為」「認められる懲戒」「正当な行為（正当防衛等）」に分類され，該当する行為が列挙された。
　教員が学校教育法第11条但書[2]（体罰の禁止）の規定を知らないということは考えられない。知っていて体罰に至っているのである。では，なぜ，体罰はなくならないのか。そこには単なる教育論や法理論では解決のつかない問題がある。

I

2　本書の目的

　教育法³⁾が体罰問題を重大な教育問題として注目して以来，教員や教育委員会の学校教育法第11条但書（体罰の禁止）についての認識は次第に高まってきた。当面は，大阪市立桜宮高等学校男子生徒の体罰死事件の影響から，体罰否定論者が主流をなし，体罰事案の件数が減少する傾向が続くものと思われる。

　しかし，過去の歴史がそうであるように，体罰事件の風化とともに体罰教師が再び勢いを増すことは十分に予想できる。体罰の歴史は，体罰否定の勢いと体罰肯定の勢いが振り子の如く左右に振れるようにして，繰り返されているかのように見える。

　学校教育法第11条但書は「校長及び教員は，教育上必要があると認めるときは，文部科学大臣が定めるところにより，児童，生徒及び学生に懲戒を加えることができる。ただし，体罰を加えることはできない。」と規定している。校長及び教員は，懲戒を加えることが認められているが，その延長線上としての体罰は認められていないのである。これほどまでに明確に体罰が禁止されているにもかかわらず，体罰が後を絶たないのはなぜなのか。

　それには，教員が学校教育法第11条但書の存在を認識していたとしても，①「法令を無視して積極的に体罰を行った」，②「感情的になってしまい，体罰を行うことをセーブすることができなかった」ことなどが想定される。①の理由には，「体罰に教育的効果があると信じて疑わなかった」「児童生徒の言動が人として許せなかった」「体罰以外に，その場にふさわしい指導が見当たらなかった」「その程度は体罰に該当しないと思った」などが想定される。また②の理由には，「児童生徒の横柄な言動に教師としてのプライドが傷つけられ，我慢することができなかった」「児童生徒の言動を冷静に受け止め，判断し，指導することができなかった」「大勢の前で悪態をつく児童生徒を許すことができなかった」「言葉で指導する自信がなかった」などが想定される。

　このように体罰事案のケースは多様であり，分類することは困難であるが，上記①②のように，ほぼ二つに大別できる。「法令を無視して実行する確信犯

型の体罰」と「法令を遵守する思いをもちつつも，感情に流され実行してしまう激情型の体罰」である。

　これらはいずれも，教育論としての体罰論に過ぎない。少なくとも，法理論としての体罰論とはいえないであろう。なぜなら，法理論としての体罰論は，学校教育法第11条但書の規定をどのように法解釈するのかにかかっているからである。

　しかし，上記①②が果たして正当な教育論といえるのかどうか。教員が体罰を肯定する理由を「愛のムチ論」や「スキンシップ論」のような教育論として捉えてよいのかということである。教育とはどうあるべきなのかや，教師たる者はどうあらねばならないのかが問われなければならない。真の意味の教育論は教育についての確かな理論，普遍性が求められるべきものである。そのような教育論は法理論に勝るとも劣らない説得力をもつことになるであろう。「応用倫理学」とりわけ「教育倫理学」的アプローチ[4]によって体罰論を展開する発想はここに根拠が求められる。

　教育倫理学的アプローチによる体罰論とは，これまでのような教育論や法理論によるものではない。それは，エラスムス，ルソー，カントのような古典的な教育論から非体罰の概念を倫理学的に析出し，そこから学校教育法第11条但書（体罰の禁止）の意味と意義を明らかにして，体罰論をめぐる教育論と法理論の接点を求めようとするものである。

　エラスムスは『教育論』[5]で，「訓育過程の規律や子供たちに，幼少期から良習と文学とを惜しみなく教えることが大切である」と主張した。ルソーは教育論『エミール』[6]で，「教育においては，常に現在を尊重して，未来のために現在を犠牲にしてはならない（大人としての幸福のために，子供の時の幸福を犠牲にしてはならない）ことや，12歳まで（快・不快の感覚的生の段階）は身体の内的発育（「自然の教育」）および外的必然性の経験（「事物の教育」）をもつこと，12〜15歳まで（適当・不適当の判定に基づく功利的生の段階）は事物の効用の判断，それを使用する技術や学問の習得に向けられること，15歳以降の青年期（幸福や完全性の価値的理想をもつ理性的生ないし道徳的生の段階）は神と自然と自己についての展望が開かれ，道徳と宗教とが初めて青年のものと

なること(「人間の教育」)」を力説した。そしてカントは『教育学』[7]で、「教育とは「養育(養護・保育)」と「訓練(訓育)」および「人間形成をともなった知育」ということを意味している。人間は、その善に向かう素質をまず第一に発展させなければならない。つまり、自己自身を改善すること、自己自身を教化すること、そしてみずからが〔道徳的に〕悪である場合には自己自身で道徳性を身に付けるようにするということ、これらが人間の行うべき義務なのである。」として、道徳化に留意しなければならないことを主張した。

本書では、とりわけ彼らの思想に焦点を当て、これらを手掛かりにして、「体罰概念の妥当性」を追求しつつ、今日における「体罰概念の混乱」の克服をめざしている。

3 本書の展開方法

丸山恭司は応用倫理学の立場から、「暴力的行為を引き起こす教師の立ち位置を明確にすること」[8]を指摘している。丸山は、教師の立ち位置を「善意から行われる教育行為に暴力性がともなっているというジレンマの認識それ自体が倫理的な営為への契機となる」[9]とし、「この認識は行為者である教師のみならず、教育現場に期待を寄せる人々に対しても教師を追い詰める加担者としての倫理的反省を迫るものである」[10]とした。こうした視点は、これまでの体罰論をめぐる教育論や法理論の対象にならなかったことである。

「暴力的行為を引き起こす教師の立ち位置を明確にすること」とは、執筆者(竹田)の主張する教育倫理学的アプローチによれば、教育とはどうあるべきなのかや、教師たる者はどうあらねばならないのかを明確にすることである。また、教師のみならず、「教育現場に期待を寄せる人々に対しても教師を追い詰める加担者としての倫理的反省を迫るもの」として、親や児童生徒の立ち位置を明確にすることも欠かせない。

本書の目的は、「倫理学が「よき生」への問いを離れては存在しえない」[11]ことからも、学校教育現場の暴力性を教育倫理学的アプローチによって検証し、学校教育法第11条但書(体罰の禁止)の意味と意義を明確にすることによって、

体罰論をめぐる教育論と法理論の接点を求めるべく,「体罰概念の混乱」を克服することにある。そのため,本書は,まず,「法概念としての体罰」を明らかにし,体罰概念をめぐる教育論と法理論の混乱状況を指摘する。そして,体罰に関わる日本的法概念の妥当性を検証するために,「英米型の体罰の実態とその理念」に学ぶ。さらには,体罰概念の混乱を克服するため,1500年前後に活躍した代表的な人文主義者であり,幼児教育を重視したオランダ出身のエラスムス（1469～1536）の『教育論』（1516年），自然と社会の関係を対立的なものと捉え,自然の要求に反する形で社会的な教育が為された時,教育は人間を悪くし,堕落させるとして,「消極教育」「早期教育の否定」を教育論の根本理念としたルソー（1712～1778）の教育論『エミール』（1762年），18世紀後半に活躍した哲学者で,自己自身で道徳性を身につけるようにするということが人間の行うべき義務であるとして,道徳化に留意しなければならないことを主張したカント（1724～1804）の『教育学』（1803年）に学ぶことによって,「教育倫理学的アプローチによる体罰概念」を構築する。

　本書の主眼は,体罰論を教育論と法理論という対立軸として捉えるのではなく,教育論や法理論からも納得のできる真の意味の体罰論を追求することにある。その結果として体罰概念の明確化,体罰概念の混乱の克服をめざすことになる。

注

1) 本書,pp. 8-9を参照されたい。
2) 1947年3月31日に制定。
3) 「教育法学は,1970年の日本教育法学会の創立前後から質量とも飛躍的な発展をとげてきた。しかし,新たな教育状況——それは,新たな教育法状況でもある——が,教育法学,教育法理論に新たな課題を提示していることも,また否定できないように思われる。それは,まだ着手されておらず解明されていない各論,個別問題が残されている,新たな問題が生じていることにとどまらない。教育法学は,教育法現象をいかなる方法と分析枠組み・概念を用いて分析・認識するのか,教育現象と教育法現象とはいかなる関係にあるのか（教育学と教育法学の区別と関連),教師の教育実践は教育法現象に含まれ,教育法学・法理論の認識と評

価の対象になるのか否か，といった教育法学の基礎理論・方法の解明は，これまで必ずしも十分になされているとはいえない。」(今橋盛勝『教育法と法社会学』三省堂，1983年，p. i)［下線部は引用者(竹田)による。教育法研究が体罰問題を重大な教育問題として注目し始めたのは，1970年前後と捉えられる。引用者(竹田)が，修士論文(兵庫教育大学大学院学校教育研究科学校教育専攻生徒指導コース)として，「学校教育法第11条但書(体罰の禁止)に関する研究——教育論と法理論の接点を求めて」を作成したのが1987年3月のことであり，この頃，体罰問題が大きな社会問題として注目されていた。大阪市立桜宮高等学校男子生徒の体罰死事件はそれから25年目に起こった，大きな社会問題として位置づけられる。］

4) 教育的諸課題に関する「応用倫理学」は一般に「教育倫理学」と呼ばれている。
5) エラスムス(著)，中城進(訳)『エラスムス教育論』二瓶社，1994年。
6) 桑原武夫(編)『ルソー』(岩波新書〈青版〉473)岩波書店，1962年，pp. 48-51。
   ルソー(著)，今野一雄(訳)『エミール上』(岩波文庫 33-622-1)岩波書店，1962年。
   ルソー(著)，今野一雄(訳)『エミール中』(岩波文庫 33-622-2)岩波書店，1963年。
7) カント(著)，湯浅正彦・井上義彦・加藤泰史(訳)『カント全集17 論理学・教育学』岩波書店，2001年。
8) 丸山恭司「教育現場の暴力性と学習者の他者性」越智貢ほか(編)『応用倫理学講義6 教育』岩波書店，2005年，p. 116。
9) 同上書，p. 117。
10) 同上。
11) 越智貢「はじめに」越智貢ほか(編)『応用倫理学講義 6 教育』岩波書店，2005年，p. vii。

第Ⅰ部
体罰の実態の概観

第1章　日本の体罰の実態

1.1　大阪市立桜宮高等学校男子生徒の体罰死事件

　大阪市立桜宮高等学校バスケットボール部主将で2年生の男子生徒（当時17歳）が2012（平成24）年12月23日早朝，自室で首をつって自殺した問題で，大阪府警捜査1課は2013（平成25）年3月22日，男子生徒の顔を平手で複数回たたいたとして，同校バスケットボール部顧問だった元教諭（47歳）〈懲戒免職〉を傷害と暴行の疑いで書類送検した。大阪府警は，元顧問の体罰が一方的で常習性があり，殴打の回数も多いとして，起訴を求める「厳重処分」の意見を付けた（日本経済新聞2013年3月23日）。このことは，被害生徒の父親が2013年1月に元顧問を暴行容疑で告訴したことによるものである。

　送検容疑は2012（平成24）年12月18日，同校体育館での練習試合で生徒の顔を平手で数回殴り，同22日午後にも平手で10数回殴って唇の粘膜下出血など全治2～3週間のけがを負わせた疑いがあることによる。

　大阪府警は，その後の大阪市教育委員会の調査で体罰が日常的に行われていた疑いが浮上したため，暴行などの容疑で改めて捜査することにした。さらに，大阪府警は学校関係者や部員らから事情を聴き，遺体の状態を詳しく調べたところ，唇周辺に複数のけががあったと判断し，傷害容疑で立件することとした。大阪市教育委員会は，外部監察チームがまとめた中間報告書を基に，元顧問を，恒常的に体罰をしていたとして2013（平成25）年2月13日に懲戒免職にした。同チームは最終報告書で「適切に対処していれば生徒の自殺を防ぐことができた」として，元校長や教頭の管理監督責任も指摘した。

2013（平成25）年10月11日，大阪地裁は，大阪市立桜宮高等学校バスケットボール部主将2年生の男子生徒（当時17歳）に対する傷害と暴行の罪に問われた元顧問の被告（47）（＝懲戒免職）に対して懲役1年執行猶予3年（求刑懲役1年）の判決を下し，刑が確定した（期限までに，検察側，被告側の双方とも控訴しなかったことによる）。

　この大阪地裁判決は，体罰に対して，程度によっては刑事責任を負わせることを明確に判断したものといえる。同判決は，体罰が自殺の一因になったことを指摘した。

1.2　文部科学省による体罰の実態把握

　文部科学省は，2013（平成25）年8月9日に，平成24年度に発生した体罰の状況（国公私立を対象にした調査結果）を公表した。体罰発生学校数・同発生率，体罰発生件数・同発生率，被害児童生徒数・同発生率，体罰時の状況（場面の割合），体罰時の状況（場所の割合），体罰の態様，傷害の状況，体罰事案の把握のきっかけ（割合），体罰事案の把握の手法（割合），被害を受けた児童生徒数に関わる校種間および学年間比較，懲戒処分等の件数の推移（過去10年間の比較）については，【資料1】[1]のとおりである[2]。このことから，体罰発生学校数〈発生率〉は高等学校が最大（23.7％），体罰発生件数〈発生率〉は中学校が最大（1.11％）であることなどがわかった。

1.3　文部科学省による運動部活動指導のガイドライン

　文部科学省は，大阪市立桜宮高等学校男子生徒の体罰死事件を受けて，運動部活動における体罰が問題となっていることや，教育再生実行会議の第一次提言において，運動部活動指導のガイドラインを作成することを明らかにしたことから，「運動部活動の在り方に関する調査研究協力者会議」を設置することによって，2013年5月27日に「運動部活動での指導のガイドライン」を含めた調査研究報告書をとりまとめた。

同ガイドラインは，今後，各学校の運動部活動において適切かつ効果的な指導が展開され，各活動が充実したものとなるよう，指導において望まれる基本的な考え方，留意点を示したものである。

このことに関わって，毎日新聞（2013年5月28日・西部朝刊）は，同ガイドラインから，文部科学省が「体罰によらない指導法を具体例で解説し，極端な「勝利至上主義」を戒めている」とし，また，「体罰根絶の議論は今後，学校での実践段階に移るが，指導と体罰の見極めは最終的には個々の判断に委ねられる」とした。同紙はその一方で，「（生徒指導を）部活動に依存してきたスポーツ界の構造改革を求める声も強い」ことを挙げている。

ところで，「指導と体罰の見極め」は最終的に「個々の判断」に委ねられてよいのか。否と言わざるを得ない。なぜなら，指導（懲戒）と体罰の見極めを個々の判断に任せてきたことが，結果的に学校教育法第11条但書（体罰の禁止）に反する体罰行為を容認してきたからである。

また，同記事には，同ガイドラインをまとめた有識者会議で座長を務めた友添秀則・早稲田大学教授（スポーツ教育学）が，「（体罰を受けて自殺した）被害生徒の叫びを生かして，議論をしてきたつもりだ。指導者には，単なる文書だと受け止めてほしくない」とし，体罰容認の風潮を変える機運が広がることに期待を示している。

さらに，日本経済新聞（2013年5月27日）は，同ガイドラインは部活動の指導を顧問に任せきりにせず，校長のリーダーシップの下で運営方針などを作成するよう要請しているとし，顧問は「一方的な方針によって活動せずに，生徒の部活動への多様なニーズや意見を把握し，生徒の主体性を尊重する必要がある」ことを挙げている。

続いて，同ガイドラインは「体罰」として長時間の給水なしのランニングや無意味な正座を挙げる一方，柔道初心者への受け身の反復練習は「指導」であることなども例示している。しかし，「指導と体罰の見極め」には，このような例示がある程度の判断基準となり，参考になることはいうまでもないが，ケースバイケースを想定した上で，例示を網羅することは不可能である。

すなわち，「指導と体罰の見極め」は「個々の判断に委ねられる」べきもの

ではないが，暴力に至らない「指導」と暴力に至る「体罰」との線引きを明確にすることは至難の業と言わざるを得ないのである。このことは，朝日新聞（2013年6月30日）が，部活動研究に詳しい西島央（首都大学東京准教授）の談話を掲載し，良い体罰と悪い体罰の線引きだけでは，本質的な問題の解決には至らないことを主張したことからも，容易に理解できる。

「ガイドラインの設定で，目に見える体罰は一時的には減るだろう。しかし，いわば良い体罰と悪い体罰を線引きしただけなので，本質的な問題の解決にはならない。」「文部科学省は部活動の位置づけを，きちんとしてこなかった。指導についての教員の養成，研修の機会も確保しなかった。体罰は部活動指導を教員個々に頼り，部活動に生徒指導を兼ねることも期待した結果に生じたものだ。部活動を制度的にどう位置づけ，教師の部活動指導を組織的にどう支え，指導方法を学ぶ機会をどうつくり，生徒指導と部活動をどう分けていくか。体罰根絶にはこれらの課題に取り組む必要がある。」などの声は，示唆に富んでいる。

1.4　東京都教育委員会による都内公立学校における体罰の実態把握

東京都教育委員会は，大阪市立桜宮高等学校の体罰による生徒の自殺事件を受け，体罰の疑いがあるような事例に対しても見逃さずに迅速に対応することを含め，体罰の根絶に向けた取り組みを行うため，都内の全公立学校を対象に，区市町村教育委員会の協力を得て，体罰の実態把握についての調査を実施した。

同教育委員会は，2013（平成25）年4月11日の第1次報告に引き続いて，2013年5月23日に，最終報告としてのまとめを，表1-1のように公表した。

このことから，東京都内の公立学校における体罰の実態（平成24年度）が，暴力による体罰および精神的・肉体的苦痛を感じる体罰の疑いがあるとして報告された502校983人の内，「体罰と認定されたもの」が146校182人，「不適切・行き過ぎた指導」が335校542人であることが明らかになった。ここで気になることは，「不適切・行き過ぎた指導」が「体罰」と認定されたものではないと

第Ⅰ部　体罰の実態の概観

表1-1　東京都内公立学校における体罰の実態把握について

---東京都教育委員会による最終報告（平成25年5月23日）から---

1　報　告　数

　平成24年度の教育活動において，暴力による体罰，精神的・肉体的苦痛を感じる体罰の疑いがあるとして報告のあった502校983人の行為について，次のような確認が行われた。
　○「体罰」と認定されたもの→146校182人
　○不適切・行き過ぎた指導→335校542人
　○指導の範囲内→85校117人
　○非該当→88校142人

2　体罰の状況
①行為者別では，中学校の教職員によるものが最も多い（69校92人）
②場面別では，中学校及び高等学校での部活動中の体罰が多い（75校87人）
③回数別では「1回」が最も多い（115人）
④傷害を負わせる体罰を行った者は31人
⑤体罰に関する認識では，
　○「感情的になってしまった」（55校65人）が最も多い
　○「人間関係ができているので許されると思った」（16校18人）というように，体罰を許容する認識を持つ者もいる。

3　体罰調査委員会
　外部有識者を含めた「体罰調査委員会」が設置され，体罰の発生原因や背景，解決すべき課題，課題解決への提言がまとめられている。

4　今後の対策
①「部活動指導の在り方検討委員会」において，総合的な対策が検討されている。
②7月を体罰防止月間として，都内全公立学校において，体罰防止研修が実施された。
③体罰根絶に向けて来年度以降も調査を実施する。

いうことである。この線引きがいかなる体罰概念に基づくものなのかは不明確である。

　また，体罰の状況においては，中学校の教職員によるものが最も多く，中・高等学校での部活動中の体罰が多いことや，傷害を負わせた体罰が31件，感情的になって行った体罰が65件，人間関係ができているので許されると思って行った体罰が18件もあるなど，教師の都合によって一方的に体罰が行使されたことが窺える。

注

1) 本書, pp. 14-18を参照されたい。
2) 文部科学省から公表された数値を執筆者（竹田）がグラフ化した。

第Ⅰ部　体罰の実態の概観

【資料1】　体罰の実態把握

―文部科学省第2次報告〈平成25年8月9日〉から―
［平成24年度に発生した体罰の状況：国公私立合計］

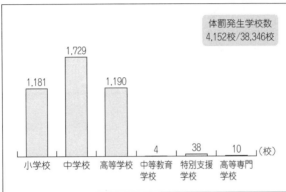

【概要】
平成24年度に発生した**体罰の学校数の最多は中学校**である。各校種の学校数の違いを考慮すれば，高等学校や中学校の割合が高いことがわかる。

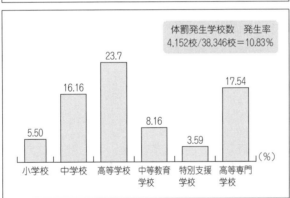

【概要】
平成24年度に発生した**体罰の学校数発生率の最多は高等学校**である。各校種ごとの全体の学校数に対して体罰が発生した学校数の割合が高等学校，次いで中学校において高いことがわかる。

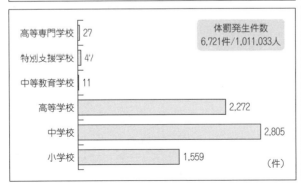

【概要】
平成24年度に発生した**体罰件数の最多は中学校**である。小学校の約1.8倍，高等学校の約1.2倍であることがわかる。

第1章　日本の体罰の実態

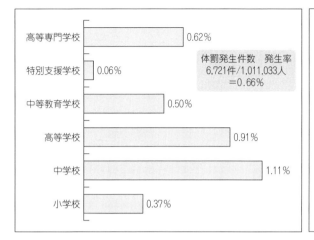

【概要】
平成24年度に発生した体罰件数の発生率の最多は中学校である。小学校の約3倍，高等学校の約1.2倍であることがわかる。このことは，カリフォルニア大学バークリー校のラリー・ヌッチ教授の13-14歳が規範に最も背を向ける最悪の年齢であること（「青年期における道徳性のU字型発達」）を裏付ける結果である。

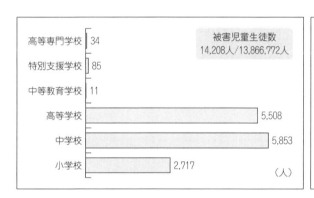

【概要】
平成24年度に発生した体罰の被害児童生徒数が多いのは中学校と高等学校である。小学校の約2倍であることがわかる。生徒指導上の問題と体罰のかかわりが大きいことが窺われる。

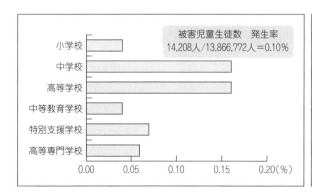

【概要】
平成24年度に発生した体罰の被害児童生徒数の発生率の最多は中学校と高等学校である。小学校の約4倍であることがわかる。また，特別支援学校や高等専門学校における被害発生率が小学校よりも割合が高いことも見逃せない。

第Ⅰ部　体罰の実態の概観

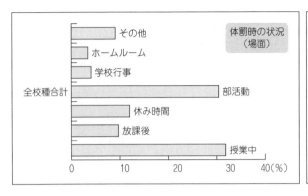

【概要】
平成24年度に発生した体罰の場面が「授業中」及び「部活動中」において多いことがわかる。このことは，一人の教師が多くの児童生徒を指導しなければならない場面において発生しやすいことを意味している。

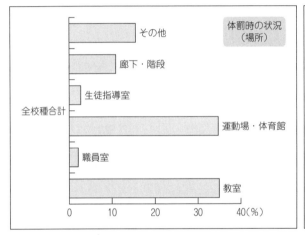

【概要】
平成24年度に発生した体罰の場所が「教室」及び「運動場・体育館」において多いことがわかる。このことは，「授業中」及び「部活動中」の指導が「教室」及び「運動場・体育館」において行われることと一致しており，「1（教師）」対「多数（児童生徒）」の場面・場所で体罰が発生しやすいことを意味している。

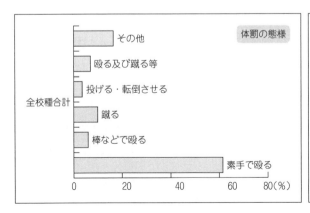

【概要】
平成24年度に発生した体罰の態様が「素手で殴る」ことが多数（6割程度）であることがわかる。このことは，生徒指導上において「手が出やすいこと」を意味している。「手や足を絶対に出さない」という覚悟と信念をもって生徒指導に当たる必要がある。

第1章　日本の体罰の実態

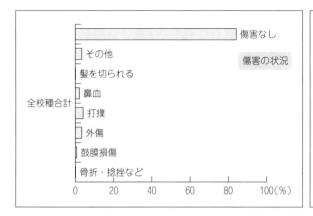

【概要】
平成24年度に発生した体罰による傷害の状況が，「打撲（1割程度）」を除いて，「傷害なし」が多数（8割程度）であることがわかる。傷害に至らなくても，「肉体的苦痛を伴う殴る，蹴るなどの行為」が学校教育法第11条但書にいう体罰に当てはまることはいうまでもない。

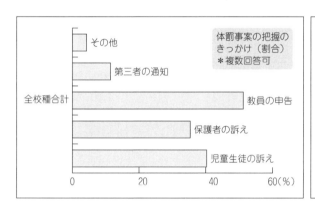

【概要】
平成24年度に発生した体罰の把握のきっかけが，「教員の申告」「児童生徒の訴え」「保護者の訴え」が多数であることがわかる。しかし，「教員の申告」が約5割というのは少なすぎると言わざるを得ない。

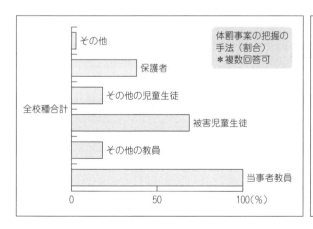

【概要】
平成24年度に発生した体罰の把握の手法が「当事者教員」「被害児童生徒」「保護者」が多数であることがわかる。「被害児童生徒」からの把握が約6割というのは課題である。また，体罰の実態をより客観的に把握するためには，「1（教師）」対「複数及び多数（児童生徒）」であることが望まれる。「その他の児童生徒」からの把握も重視されるべきである。

17

第Ⅰ部　体罰の実態の概観

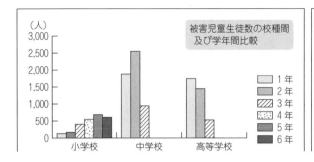

【概要】
平成24年度に発生した体罰の被害児童生徒数が小学校では「5年生」、中学校では「2年生」、高等学校では「1年生」が最多であること、校種間では中学校が最多であることがわかる。

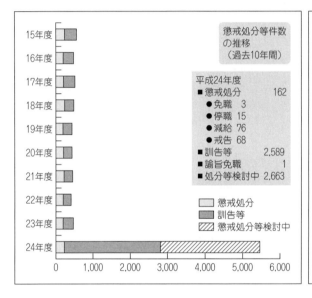

【概要】
過去10年間（平成15年度～平成24年度）の懲戒処分等（懲戒処分〈免職・停職・減給・戒告〉、訓告等、諭旨免職）の件数は、平成15年度～平成23年度がほぼ横ばい、平成24年度が処分等検討中を含めて例年の約11倍になっている。この結果は、大阪市立桜宮高校2年男子生徒（17歳）の体罰死事案（2012年）を重く受け止めた文部科学省による悉皆調査や、教育再生実行会議の提言において、運動部活動指導のガイドラインを作成することを明らかにしたことなどの影響によるものである。

第2章　法概念としての体罰

　日本における体罰概念は，教育論と法理論（学説や判例等）の両面が交錯する中，明確とはいえない。その不明確な要素はどこにあるのか。

2.1 行政解釈

　行政解釈としては，1948（昭和23）年に出された法務府法務調査意見長官の通達「児童懲戒権の限界について」がある。この解釈は，今日においてもしばしば用いられ，日本における体罰概念の主流をなしている。
　そこに見られる体罰概念は，学校教育法第11条但書にいう「体罰」が，懲戒の内容が身体的性質のものである場合を意味しているとして，
　　①「身体に対する侵害を内容とする懲戒―殴る・蹴るの類」
の他に，
　　②「被罰者に肉体的苦痛を与えるような懲戒―長時間にわたる端坐・直立
　　　等の場合」
を挙げている。
　しかし，①はともかく，特定の場合が②の意味の「体罰」に該当するかどうかは，機械的に判定することができない[1]。
　また，上記の通達を受けて，体罰該当性の判断基準を具体的に示したものとして，1949（昭和24）年に出された法務府の通達「生徒に対する体罰の禁止に関する教師の心得」がある。その具体が次の7項目である。
　　①　用便に行かせなかったり食事時間が過ぎても教室に留め置くことは肉
　　　体的苦痛を伴うから体罰となり，学校教育法に違反する。

② 遅刻した生徒を教室に入れず，授業を受けさせないことはたとえ短時間でも義務教育では許されない。

③ 授業時間中，怠けたり，騒いだからといって生徒を教室外に出すことは許されない。教室内に立たせることは体罰にならない限り懲戒権内として認めてよい。

④ 他人の物を盗んだり，壊したりした場合など，懲らしめる意味で，体罰にならない程度に，放課後残しても差し支えない。

⑤ 盗みの場合などその生徒や証人を放課後訊問することはよいが，自白や供述を強制してはならない。

⑥ 遅刻や怠けたことによって掃除当番などの回数を多くするのは差し支えないが，不当な差別待遇や酷使はいけない。

⑦ 遅刻防止のための合同登校は構わないが，軍事教練的色彩を帯びないように注意しなければならない。

2.2 学説

2.2.1 法概念としての体罰の要件

学説としては，体罰を法概念として把握し，その法的意義と構成要件を明確にする教育法的意味を追求したものとして，今橋盛勝の理論を挙げることができる。そこに見られる体罰概念は，

① 学校教育法関係の下で（学校教育に関わる権利，権限と義務の関係。したがって，親や子供に対して行う"体罰"や，社会教育・体育，学習塾で指導者が行う"体罰"は，学校教育法第11条でいう法概念としての体罰には含まれない。），

② 教員が，直接または間接に，生徒らに対して行う（命令によって生徒らに，結果的に肉体的苦痛を与える行為や教員の懲戒権の違法な代行行使も該当する。），

③ 教育目的をもった（「正当な」教育目的性が客観的に認められること。），

④ 懲戒行為のうち（「教育的・法的に妥当な」懲戒行為。），

⑤ 生徒らの肉体に苦痛を与える行為（肉体的苦痛は，被罰者たる当該生徒らにとっての苦痛の知覚によって判断されるべきことであって，加罰者たる教員の主観的・推量的判断によって肉体的苦痛が否定される筋のものではない。）

とするものである。

①～④は体罰該当性の前提要件，⑤は実体的要件である。①～④がすべて成立し，⑤が成立したとき，その懲戒行為は体罰と解され，違法の判断を受ける。①～④のいずれかが成立せず，⑤が成立する場合は，その行為は体罰問題としてではなく，暴行・傷害行為，不法行為問題としてのみ扱われる[2]。

しかし，この今橋理論も前記③④⑤の文言からはその判断基準が明らかではなく，体罰の限界がはっきりしないことが指摘されている。にもかかわらず，この今橋理論は日本における体罰概念の主流をなしており，今日においても法概念としての体罰を把握する有効的な理論となっている。

2.2.2 「精神的苦痛」の体罰該当性

今橋は，「精神的体罰」（精神的苦痛）について，前記①～⑤からいって，「ことば・命令による肉体的苦痛を伴わない「精神的体罰」は，法概念としての体罰には該当しないと考えられる。生徒の精神的打撃・損失は，生徒の人間性の尊厳・名誉権の観点から，肉体的苦痛の有無にかかわらず，体罰からの評価とは別個に懲戒行為の違法性の理由とされるべきものであろう。」と述べ，その根拠を旧法務局の見解以来の「体罰該当性の有無は，肉体的苦痛の有無に求められる」という，これまでの法論理の系譜に求めている[3]。

このことに関して，牧柾名は，子どもの人格権・名誉権の保障の観点から「教師の悪意に満ちた懲戒，報復的懲戒，みせしめのための懲戒，精神的恥辱を与える懲戒（身体的欠陥や生活上の諸問題，父母等の在り方をあげつらうなど）は，なるほど「肉体的苦痛」には相当しないであろうが，学校教育法第11条が体罰を禁止している趣旨が，子供の人権保障にあることを考えるならば，このような懲戒もまた教育条理に照らして違法となる[4]。」と述べ，「精神的体罰」（精神的苦痛）の違法性を認めながらも学校教育法第11条にいう「体罰」

に該当するか否かの判断は避けている。しかしながら，精神的苦痛がしばしば肉体的苦痛を伴うことを考えるならば，「精神的体罰」もまた重大な「体罰」として位置づけられるべきであると考える。

2.2.3 体罰に至らない（法的に許容された）体罰的行為

現行法制の下では，兼子仁がいうように，「児童生徒の人格尊重と非権力的教育観の見地にそくし，「肉体的苦痛を与える懲戒」をひろく体罰とみる解釈」[5]は学説として確定しているのである。兼子は，その解釈の根拠に，1948（昭和23）年に出された法務府法務調査意見長官の通達「児童懲戒権の限界について」を援用している。

もとより，兼子のいう「体罰が児童生徒の人権を侵害することの多かった旧法制下の沿革をもつわが国では，かような厳格な立法および解釈基準のもとで具体的慣行を形成していくことが妥当と考えられる」ことに異論はない[6]。

しかし，このことは次のような困難な問題を生み出している。

それは，今橋がいうように，「教師のある懲戒行為が体罰に該当するか否かは，前引の行政解釈によっても必ずしも明確でなく」，「いかなる懲戒行為が肉体的苦痛をもたらすかは具体的諸事情に応じてきめるほかない」ということである。そのため，「「体罰」に該当する体罰行為は許されないという解釈を認めた上で，「体罰」には至らない体罰的行為，法的に許容された体罰的行為が存在しうるか否かという問題が残され続けている」のである[7]。

注

1) 牧柾名「教師の懲戒権の教育法的検討」牧柾名・今橋盛勝（編）『教師の懲戒と体罰』エイデル研究所，1982年，p. 26。
2) 今橋盛勝「体罰の法概念・法意識・法規範・法関係」牧柾名・今橋盛勝（編）『教師の懲戒と体罰』エイデル研究所，1982年，pp. 54-56から抜粋。本文の①～⑤の中の（ ）書きは執筆者（竹田）が今橋論文を引用しまとめたもの。
3) 同上書，p. 57から抜粋。
4) 牧，前掲「教師の懲戒権の教育法的検討」，p. 44。
5) 兼子仁『教育法（旧版）』有斐閣，1963年，p. 148。

6) 同上書，p. 148から抜粋。
7) 今橋盛勝『学校教育紛争と法』エイデル研究所，1984年，p. 28から抜粋。

第3章 体罰禁止の理念
―― 日本型と英米型の比較

　教員による教育目的をもった懲戒行為が学校教育法第11条にいう正当な懲戒（非体罰の懲戒）に該当するか否かを判断するには，「体罰の概念」が確立していることが重要である。体罰に関する基本的概念の整理には，外国法制およびその判例の動向や教育理念が参考になる。日本の法概念としての体罰（「日本型」）と大きく異なる英米の法概念としての体罰（「英米型」）に着目する。

3.1 日本型

　学校教育法第11条に「校長及び教員は，教育上必要があると認めるときは，文部科学大臣の定めるところにより，児童，生徒及び学生に懲戒を加えることができる。ただし，体罰を加えることはできない。」と規定している。児童・生徒・学生への懲戒と体罰禁止についての規定である。ここにいう「文部科学大臣の定め」とは，学校教育法施行規則第26条第1項[1]にいう「校長及び教員が児童等に懲戒を加えるに当たっては，児童等の心身の発達に応ずる等教育上必要な配慮をしなければならない。」ことをいう。
　そもそも歴史的にいえば，体罰禁止規定は明治12年の教育令第46条に遡ることができる。そして，同条の規定は明治13年の教育令にも引き継がれ，明治19年の小学校令には体罰禁止規定は見い出されないが，明治23年の小学校令改正で，その第63条に，再び規定された。その後，明治33年の改正小学校令で，その第47条に，今日いう学校教育法第11条の文言がそのままの形で規定された。すなわち，我が国の体罰禁止の法は明治12年から今日まで実に135年間にわたって一貫しているのである。

にもかかわらず，今日なお学校教育現場では体罰の実態が多々存在する。体罰がなくならないのは，体罰が法で禁止されていても，その実効性が伴っていないことを意味している。

1948（昭和23）年に出された前引の法務府法務調査意見長官の通達「児童懲戒権の限界について」は，今日においても，日本における体罰概念の主流をなしており，この行政解釈は，学説，判例においてもしばしば引用され，通説となっている。

また，上記の通達を受けて，体罰該当性の判断基準を具体的に示したものとして，1949（昭和24）年に出された法務府の通達「生徒に対する体罰の禁止に関する教師の心得」がある。

さらに，体罰を法概念として把握し，その法的意義と構成要件を明確にする教育法的意味を追究したものとして，前引の学説が挙げられる[2]。

しかし，これらをもってしても体罰の判断基準は明確とはいえず，体罰の限界がはっきりしない。そこで，今橋は，上記の体罰概念をベースに，体罰問題を裁判として争う場合の争点を次のように示した[3]。

① 懲戒としてなされた教師の行為はどういうものであったか（何で，生徒の身体のどの部分をどの程度，何回殴ったか等）
② 子ども・生徒の肉体的苦痛，身体的損傷，精神的損害の程度・内容
③ 教師の行為と結果の相当因果関係

これら3つの中心的争点との関係で，
④ いかなる状況の下で
⑤ いかなる子ども・生徒の言動に対して
⑥ どのような判断と目的をもって，懲戒・体罰をしたのか

この争点は，先の行政解釈や学説よりも具体的であり，判断基準のポイントを示すものとして活用できる。

日本の法概念としての体罰（「日本型」）は，兼子がいうように，現行法制の下では，「児童生徒の人格尊重と非権力的教育観の見地にそくし，「肉体的苦痛を与える懲戒」をひろく体罰とみる解釈」[4]は学説として確定しているものの，

その（体罰の）判断基準は明らかでなく，いわゆる「精神的体罰」（精神的苦痛）が法概念としての体罰に該当するか否かの問題（言葉や命令による精神的打撃・損失など）や，「体罰」に該当する体罰行為は許されないという解釈を認めた上で，「体罰」には至らない体罰的行為，法的に許容された体罰的行為が存在しうるか否かという問題（スキンシップ論，愛のムチ論等）などが未解決の問題として残されているのである。

3.2 英米型

市川須美子は「英米法制において，教師の懲戒権の一部として一定の体罰権が認められているというとき，誤解を避けるためには，体罰権に加えられている「一定の」という限定にアクセントをつけて理解すべきである」[5]と述べている。

英米型の体罰の判断基準は，イギリスの R. V. Hopley（1860）2F. & F.202 の〈判旨〉によく表れている。次に示すとおりである[6]。

> 親もしくは教師は，子どもの中に宿る悪を治すために，適度な（moderate），考えられた（reasonable）体罰（corporal punishment）を加えることができる。子どもを良くすることにおいて，教師は親の代理者であり（represents the parent），親の権威を委任されている。しかしながら，体罰は常にmoderate で reasonable なものでなければならず，これは体罰の条件である。①感情や怒りにかりたてられてなされた体罰，②その性質や程度において適性を欠く過度な体罰，③子どもの忍耐力を超える長時間にわたる体罰，④生命や身体に危険をおよぼす器具を用いた体罰――これらの体罰はすべて行き過ぎであり，その暴力は違法である。体罰の結果生命や身体がそこなわれた場合には，体罰をおこなった者は，法的に責任が問われる。体罰の結果死亡すれば，それは殺人である。

英米型の体罰の判断基準は，日本の体罰の判断基準とされている「肉体的苦

痛を与える懲戒」と比較してみても，その理念や具体性において根本的に異なるといえる。

英米型の体罰許容の伝統的な考え方は，「教師の懲戒権は親から信託され，教師は「親がわり」（in loco parentis = in the place of a parent）の立場で，子どもに適度で（moderate）合理的な（reasonable）体罰を行使することができる。」[7] ということにある。

このような見地から，英米型の国では，伝統的に体罰が重要な教育手段として認められてきた。しかし，これらの国々においても，1960年以降は体罰に反対し，体罰を廃止しようとする運動が展開されている。その根拠に次のことが挙げられる。

イギリスでは，1966年に体罰反対教員協会（STOPP）が結成され，プラウデン報告（1967年）において，「身体的苦痛を与えることは，懲戒の方法として廃止すべきである」との勧告を契機として，その後，体罰廃止の運動が展開された[8]。また，アメリカでも，全米教育協会（NEA）が，1972年に体罰検討委員会を設け，体罰廃止の勧告をまとめ，全米市民の自由を守る会（ACLU）の体罰関係の委員会と一緒になって，学校における体罰廃止のための全米委員会（NCACPS）を結成した[9]。

しかし，このような体罰反対の運動の高まりの中にあっても，多くの国々が今日なお体罰の全面禁止に至っていない。それは次の図3-1，図3-2から知ることができる。日本の学校教育法第11条但書の「体罰の禁止」規定も図3-1によれば，「Prohibited in some settings」として位置づけられており，日本は体罰全面禁止の国とはいえない。

3.3 日本型と英米型の比較

日本の体罰概念（「日本型」）と英米の体罰概念（「英米型」）を比較検討することによって，体罰概念の妥当性を追究することができる（表3-1を参照されたい）。

第Ⅰ部 体罰の実態の概観

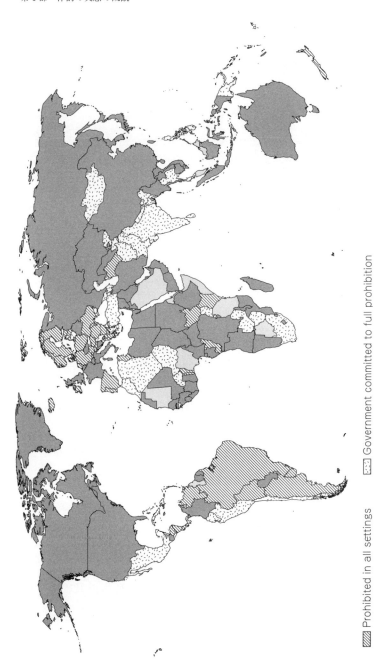

図 3-1 Global Initiative to End All Corporal Punishment of Children

出典：(www.endcorporalpanishment.org) 2015.12. 4 検索。

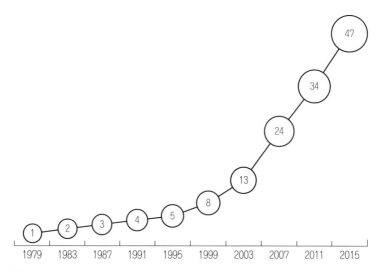

図3-2 Cumulative number of states prohibiting all corporal punishment of children
出典：「Global Initiative to End All Corporal Punishment of Children」のウェブサイト（www.endcorporalpanishment.org）2015.12.4検索。

注

1) 昭和22年5月23日，文部省令第11号。
2) 今橋盛勝「体罰の法概念・法意識・法規範・法関係」牧柾名・今橋盛勝（編）『教師の懲戒と体罰』エイデル研究所，1982年，pp. 54 56。
3) 今橋盛勝「体罰・体罰事件・裁判記録・判決を問うことの意味」今橋盛勝・安藤博（編）『教育と体罰』三省堂，1983年，p. 17。
4) 兼子仁『教育法（旧版）』有斐閣，1963年，p. 148。
5) 市川須美子「教師の体罰に関する比較法的検討」牧柾名・今橋盛勝（編）『教師の懲戒と体罰』エイデル研究所，1982年，p. 170。
6) 浦野東洋一『体罰問題とイギリス教育法制』東京大学教育学部紀要　第24巻，1984年，p. 92。
7) 市川，前掲「教師の体罰に関する比較法的検討」，p. 170。
8) 沖原豊『体罰』第一法規，1980年，p. 124。
9) 同上。
10) 浦野，前掲『体罰問題とイギリス教育法制』，pp. 89-103，沖原，前掲『体罰』，pp. 126-135を参照されたい。

表 3-1　体罰概念に関わる日本型と英米型の比較[10]

	日本型	英米型
①体罰許容の有無	ほぼ全面禁止	限定的に許容
②体罰禁止の判断基準	○有形力行使による身体に対する侵害 ○肉体的苦痛を与えるような懲戒	○体罰は重大な規律違反に対してのみなされるもの ○体罰は悪い動機に発するものではない（学校で通常行われているもの） ○適度な（moderate），考えられた（reasonable）程度を超える体罰 ○親からの信託，「親がわり」（in loco parentis = in the place of a parent）の立場を超える教師の懲戒
③体罰の方法	○平手・手拳・道具（不特定）による殴打 ○その他—叩きつける，押し倒す，掴む，ゆさぶる，蹴る，踏みつける，投げ飛ばす，昼食をとらせない，長時間の直立，長時間の監禁，運動場での罰としての駆け足，正座，頭髪を切る，必殺技をかけるなど	○英…hand，ムチ（a birch rod or cane〈籐鞭〉）で殴打 ○米…パドル（羽子板のような形をした体罰板）で殴打 ○頭を殴ること，耳を殴ったり，引っ張ったりすること，本や石板で打つこと，その他肉体的苦痛をもたらす罰は，厳しく禁じられている。
④体罰の部位	○頭部，顔部 ○その他—頸部，胸部，腹部，背部，肩部，腕部，大腿部，足部	○ open hand, buttocks（臀部），腕，大腿部，（女生徒は手） ○初等学校—手首，脚の裏側（平手で打つ）
⑤殴打の回数	複数回（1～2回，3～4回，4～5回，10回以上）	複数回（1～6回）
⑥留意点	感情的	安全及び人権について配慮
⑦その他の条件	○学校教育法第11条にいう許される懲戒権の範囲（「許されざる懲戒⇒体罰」の概念）は不明確 ○法務府の通達（1949）—「生徒に対する体罰の禁止に関する教師の心得」の7項目	○年齢による配慮 ○性別による配慮（男性教師は女生徒に対して体罰を行うことはできない） ○個別的—集団罰として行ってはならない。他人の面前で行ってはならない。 ○公正—第3者の立ち合いを必要とする。 ○体罰記録簿に記載 ○体罰のすべての事例を記録←校長がその完全さ，正確さに責任を負う。 ○体罰を実行できる者は，校長および校長が指名した体罰記録簿に登載されている有資格教師のみ ○ punishment book の作成と保管の義務づけ

＊日本型は1948（昭和23）年に出された法務府法務調査意見長官の通達「児童懲戒権の限界について」，1949（昭和24）年に出された法務府発表（通達）「生徒に対する体罰の禁止に関する教師の心得」，体罰事件判例［1916（大正5）年～1986（昭和61）年の28判例］，英米型は現代イギリス教育史に有名なプラウデン・レポート（1966年10月28日），イギリスにおける体罰に関する判例［R.V.Hopley（1860年）2F.6F.202, Mansell V.Griffin（1908年），1 K.B.160, 947, Ryan V.Fildes and others（1938年），3 All E.R.517］，イギリスのSTOPP（The Society of Teachers Opposed to Physical Punishment）による1982年の調査結果，イギリスのLEA（Local Education Authrity）の体罰に関する規則（1944年教育法～STOPPによる1982年の調査結果）等も参考にした。

第4章 日本の体罰論をめぐる問題点と課題

4.1 体罰概念の混乱——教育論と法理論の混在

　1948（昭和23）年に出された法務府法務調査意見長官の通達「児童懲戒権の限界について」が，今日においても，日本における体罰概念の主流をなしていることは，すでに指摘したところである（この行政解釈は，学説，判例においてもしばしば引用され，通説になっている）。

　学校教育法第11条にいう「体罰」は，懲戒の内容が身体的性質のものである（①身体に対する侵害を内容とする懲戒——殴る・蹴るの類の他に，②被罰者に肉体的苦痛を与えるような懲戒——長時間にわたる端坐・直立等の場合をいう）ことも，すでに指摘した。

　しかし，「体罰」の該当性については，「機械的に判定することはできない」というのが一般論である。そこで，文部省は通達において，「当該児童の年齢・健康・場所的及び時間的環境等，種々の条件を考え合わせて肉体的苦痛の有無を判定しなければならない」とし，その際の配慮事項として，学校教育法施行規則第13条第1項（「校長及び教員が児童等に懲戒を加えるに当たっては，児童等の心身の発達に応ずる等教育上必要な配慮をしなければならない」）を挙げた。

　また，上記の通達を受けて，体罰該当性の判断基準を具体的に示したものが，1949（昭和24）年に出された法務府の通達「生徒に対する体罰の禁止に関する教師の心得」であった。

　さらに，体罰を法概念として把握し，その法的意義と構成要件を明確にする

教育法的意味を追究したものが，今橋の理論であった[1]。しかし，この理論も体罰の限界がはっきりしないことが指摘され，今橋は，自らの理論を補うものとして，体罰問題を裁判として争う場合の争点を示した[2]。

この争点は，先の行政解釈や学説よりも具体的であり，判断基準のポイントを示すものとして活用できるものである。

なお，兼子がいうように，「「肉体的苦痛を与える懲戒」をひろく体罰とみる解釈」[3]は学説として確定しているものの，その判断基準は明らかでなく，いわゆる「精神的体罰」（精神的苦痛）が法概念としての体罰に該当するか否かの問題（言葉や命令による精神的打撃・損失など）や，「体罰」には至らない体罰的行為，法的に許容された体罰的行為が存在しうるか否かという問題（スキンシップ論，愛のムチ論等）などの未解決の問題が残されていることもすでに指摘してきたところである。

これらの問題点は法解釈決定機関である裁判所の判断（「判例」）においても解決を見ていない。

このことは，戦後の体罰事件判例の動向にとって大きな転換点となった二つの判例［大阪高裁判決（1955年）と東京高裁判決（1981年）］がよく物語っている。この二つの判例は，同様の体罰事案でありながら，長谷川幸介が指摘するように，「「教育法理」の機能が異なり，罰則適用について全く正反対の結果を導き出している」[4]のである。大阪高裁判決は法理論に忠実であったが，東京高裁判決はきわめて教育論的であったといえる。両判決の概要は次のとおりである。

【大阪高裁判決（1955年）】

被告人教師2名が被害生徒Fの頭部を殴打したことによる暴行罪を認定した1審判決を支持し[5]，「教員の生徒に対する殴打は，たとえ懲戒行為として行った場合でも，そのゆえに，暴行罪の成立を阻却するものではない」とし，控訴を棄却した[6]。

＊１審，吉野簡裁判決（1954年）の概要

　昭和26年３月，奈良県下の某中学校玄関付近で当時小学校６年生のＦほか数名が，担任の教師Ｎをだまして写生にことよせて野球に興じ時間を空費して帰校したため，Ｎは懲戒のため運動場を駆け足させたうえ，すでに昼食時間をすぎていたにもかかわらず校舎玄関の前の廊下に立たせた。同校教諭Ｔ（被告人）も憤慨し，生徒らの頭部を右手拳で１回ずつ殴打した。また，同校助教諭の被告人Ｈは，昭和28年５月，同校講堂において，当時中学校３年生のＦほか数名が喧騒であったのを再三制止したがこれを肯かなかったところから立腹し，Ｆらの頭部を右平手で１回殴打した。→判決：被告人教師２名が被害生徒Ｆらの頭部を殴打したことによる暴行罪を認定した。

【東京高裁判決（1981年）】

　１審の事実認定に誤りがある[7][被告人である女性中学校教師が，中学２年生の男子に「何だＢ（被告人である女性中学校教師）と一緒か」と言われたことに憤慨し，この中学生の頭を数回殴打する暴行を加えたという。１審判決は，本件暴行が教育上のスキンシップであるとする被告人の主張を排し，教師の私憤にかられた暴行として，略式命令の罰金５万円，簡易裁判所の判決による同３万円の有罪判決であった。]として新たに事実を認定した上，「当該行為は，懲戒目的によるものであって，その程度も軽微な暴行行為であり，学校教育法第11条にいう体罰には該当せず，教員の正当な懲戒行為の範囲内の行為である」と認めた。そこで，当該行為からは，違法性が阻却されるとして，原判決を破棄し，被告人を無罪とした。

　この東京高裁判決が戦後一貫して採られてきた体罰禁止についての厳しい行政解釈，学説，判例を緩和させ，体罰を是認しようとする学校内外の動きを強めた影響は大きい。

＊１審，水戸簡裁判決（1980年）の概要

　昭和51年５月12日，水戸市立某中学校で，２年生Ａがスポーツテスト補助要

員であったが，B女子教諭に対し，「何だ，Bと一緒か」といい，いわゆる，ずっこけの動作をしたので，Bはこれをたしなめ，平手と手拳で頭部を数回，殴打した。生徒Aは，8日後に脳内出血で死亡した。（当時Aは風疹にかかっていた。）→判決：「立腹し，私憤にかられて，右手拳で同人の頭部を強く数回殴打したことは明らかであるから，教育目的のための説諭，訓戒としてとった補助的手段として，軽く叩いたと認めることはできない。しかし，死亡と本件行為との間の因果関係はない。」

大阪高裁と東京高裁の判決理由は次のとおりである。この判決理由から法概念としての体罰の教育法理構造をみることができる。

【大阪高裁判決（1955年）の判決理由】

＊大阪高裁　昭和30年5月16日判決　昭和29年（う）第1255号　暴行傷害被告事件，原審　吉野簡裁　昭和29年5月25日判決

被告人両名［教師2名←執筆者（竹田）が補足］の弁護人小田成就の控訴趣意について。

被告人両名がそれぞれ原判示のとおり古屋敷正行の頭部を手で殴打したことは原判決挙示の証拠によって優にこれを認定するに足り，原審の取調にかかる他の証拠及び当審取調の各証拠によっても，所論のように形式的に軽くノックしたに止まるという程度のものであったとはとうてい認められないのである。もっとも，右殴打はこれによって傷害の結果を生ぜしめるような意思を以てなされたものではなく，またそのような強度のものではなかったことは推察できるけれども，しかしそれがために右殴打行為が刑法第208条にいわれる暴行に該当しないとする理由にはならない。つぎに，所論は，右は教員たる各被告人が学校教育上の必要に基づいて生徒に対してした懲戒行為であるから，刑法の右法条を適用すべきではないと主張するけれども，学校教育法第11条は「校長及び教員は教育上必要があると認めるときは，監督官庁の定めるところにより，学生，生徒及び児童に懲戒を加えることができる。但し，体罰を加えることは

できない。」と規定しており，これを，基本的人権尊重を基調とし暴力を否定する日本国憲法の趣旨及び右趣旨に則り刑法暴行罪の規定を特に改めて刑を加重すると共にこれを非親告罪として被害者の私的処分に任さないものとしたことなどに鑑みるときは，殴打のような暴力行為は，たとえ教育上必要があるとする懲戒行為としてでも，その理由によって犯罪の成立上違法性を阻却せしめるというような法意であるとは，とうてい解されないのである。学校教育法が，同法第11条違反行為に対して直接罰則を規定していないこと及び右違反者に対して監督官庁が監督権の発動その他行政上の措置をとり得ることは所論のとおりであるけれども，このこととその違反行為が他面において刑罰法規に触れることとは互に相排斥するものではない。そして，殴打の動機が子女に対する愛情に基づくとか，またそれが全国的に現に広く行われている一例にすぎないとかいうことは，とうてい右の解釈を左右するに足る実質的理由とはならない。さらに，所論は親の子に対する懲戒権に関する大審院判例及びいわゆる一厘事件に対する同院判例を援用するけれども，前者の援用は主として親という血縁に基づいて教育のほか監護の権利と義務がある親権の場合と教育の場でつながるにすぎない本件の場合とには本質的に差異のあること看過してこれを混同するものであり，後者の援用は具体的事案を抽象的に類型化せんとするに帰着し，ともに適切ではない。論旨はいずれもその理由がない。

　よって，刑事訴訟法第396条第181条に則り主文のように判決をする。

（判事　荻野益三郎・梶田幸治・井関照夫）

控訴趣意

　弁護人小田成就の控訴趣意
第1点　民法第822条第1項には親権者の子に対する懲威権を規定し「親権を行う者は必要な範囲内で，自ら其の子を懲戒することが出来る」とせり

　本条項は改正前の民法に於ても同様にして之に関する明治36年（れ）2691大審院判例は「民法第882条ニ依レバ親権ヲ行フ父母ハ必要ナル範囲内ニ於テ自カラ其ノ子ヲ懲戒スルノ権利ヲ有スルヲ以テ親権者タル父母ガ懲戒権行使ノ実行上其ノ子ヲ制縛監禁シ又ハ殴打スルノ必要アルニ当リテハ法律上之ヲ為スコ

トヲ得ベク其行為ニシテ苟モ法律ニ定ムル必要ナル範囲ヲ逸出セザル限リハ刑事上ノ責任ヲ負フコトナカルヘキハ勿論ナリ」と判示せり学校教職員の其児童に対する懲戒権も親権者の懲戒権と其の軌を一にするものにして昭和22年4月1日学校教育法が施行せられる迄は我が国に於ては大体に於て学校教育上必要な範囲内に於て教職員が其の児童生徒に対する懲戒権の実行上体罰を加えることは容認せられ来りたる顕著な事実にして未だ之を以て刑法上の問題として取扱はれたる事例なき事は親権を有する父母が其の子を懲戒の必要上体罰を加ふるも刑法上の暴行罪の対象とならざると同様にして又学校教育法施行後に於ても必要なる範囲の体罰を以て刑罰法規の対象となりたる事例も存せざるなり

学校教育上の必要なる体罰は単に我が国に於て容認せられたるに止まらず英仏独等に於ても現に容認せられ居りたる事は顕著なる事実にして敢て異とするに足らざるなり

故に学校教職員が其の教育上の必要なる範囲内に於て其の児童生徒に対し懲戒の為体罰として軽き殴打を加うるも暴行罪の対象たらざる事は親権者の場合と同様なりと思料す

第2点　然るに終戦に伴い昭和22年4月1日より施行せられたる学校教育法第11条に於ては学生，生徒等の懲戒に関する規定を定め「校長及教員は教育上必要があると認める時は監督庁の定めるところにより学生，生徒及児童に懲戒を加える事ができる。」と規定し但し書を以て「但し体罰を加えることは出来ない」と規定せり

茲に於て従来（昭和22年4月1日学校教育法施行前）の程度に於て教職員が其の児童生徒等に対し懲戒の手段として体罰を加えたる時に果して之が刑罰法規の対象たるや否やを案ずるに学校教育法施行以後に於て万一教職員が懲戒の手段として必要なる範囲内に於ても体罰を加えたる場合に於ては当然学校教育法の違反になると思料する

然し乍ら学校教育法に於ては第11条の違反に対しては別段制裁規定を定めずして一偏に之を教育上の問題として取扱い法律違反として刑罰を科せざることとなせり，右は教育上のことは教育上にて解決すべき事と定め一々司法権の介入を敢て要求せざる高辺なる考慮の結果に基く注意なりと思料さる故に第11条

違反は其の程度如何によりては監督上官又は監督庁よりの注意，訓戒，懲戒の如き教育，行政上の処分の対象となり得るも司法権の対象たらざる事と為せるなり

換言すれば学校教育法施行前容認せられたる程度の懲戒の手段としての体罰は学校教育法違反となるも直ちに司法権の対象たる刑罰法規の違反とならざるものと思料せらるるものなり

第3点　本件谷本教諭及平岡英男教諭の行いたる体罰は正しく叙上の見地より学校教育法違反なるも刑罰法令の対象たらざる教育上の懲戒行為にして之に刑法の暴行罪を適用する事は違法にして当を得ざるものなり。又仮に第1審判決に於て両教諭の為したる体罰を刑罰法規の対象とすべき程度の暴行と見做したりとすればそれは事実誤認も甚だしきものと解すべく特に谷本教諭の加えたる殴打の如きは物理学上は別として社会通念上暴行と認むべき意思全くなく却って生徒に対する愛情より生徒の空腹を察して一刻も早く解放せしめんとの好意より中谷主任教諭の面子を考慮して形式的に10数人の生徒に対し軽く手拳を以てノックせしに過ざるものにして之を暴行罪の対象として起訴することは前述の如く違法の措置なると共に既に本件は3ケ年を経過し其の間何等問題となり居らざりし事たるに何が故に突然起訴せしやは了解に苦しむ処なり

次に平岡教諭の件に於ても右と全く同様にして教育上の見地より暴行の意思全くなく1，2年生同様に3年生の生徒10数名に対し将来を戒飾する方針の下に平手で且つ右手掌を反対に軽く整列せる生徒に体罰を加えたる程度にして10数名の生徒唯一人として又父兄達も当然の事として何等問題とならざりし事なるに古屋敷父子の告訴ありたる理由を以て刑罰法規の対象として起訴したる事之亦其の了解に苦しむ処にして第1審の裁判所が傷害を無罪としたるも依然暴行罪を適用したるは谷本教諭同様法の適用を誤り事実の誤認ありたる結果なりと思料す

以上の見地より被告両名の行為は刑罰法規の対象たらざる行為にして無罪の判決賜るべきものと思料す

万一両教諭の本件の如き程度の体罰に対し刑罰法規を以て臨むことあらんか本件程度の懲戒が現に全国的に行われ居り我が国の小中学校の大半に於て多数

の刑罰法規違反者を出すべく我が国教育上の大問題を惹起せん。因り学校教育法施行の今日懲戒手段として体罰を加うる事は厳に注意すべき事に属するも右は教育の行政上の問題として是正すべき事にして恰も父母の子に対する体罰が家庭教育上も好しからざるものにして可成斯の如き事なきを期図するも時と場合により或る程度の体罰の行はるも容認せざるを得ざる場合なしとせざるも一般なり

　万一各家庭に於ける父母の子に対する懲戒手段としての体罰に一々司法権の介入を見んか我が国淳風美俗に反するのみならず広く全世界の父母の子に対する親権に許されたる常識に背反する事多大なり

　叙上の見地より万一第1審の判決維持さるるに於ては我が国親権の威信地に墜ち教育上由々敷風潮をかもすことあらんと怖るる次第なり。終りに明治43年10月11日横田大審院長によりて下されたる所謂一厘事件の判例は本件の所論と共通せる論旨あるを以て其の要旨を摘録して之を援用せん

　「抑々刑罰法ハ共同生活ノ条件ヲ規定シタル法規ニシテ国家ノ秩序ヲ維持スルヲ以テ唯一ノ目的トス果シテ然ラバ之ヲ解釈スルニ方リテモ亦主トシテ其ノ国ニ発現セル共同生活上ノ観念ヲ標準トスベク単ニ物理学上ノ観念ノミニ依ルコトヲ得ズ。而シテ零細ナル反法行為ハ犯人ニ危険性アリト認ムベキ特殊ノ状況ノ下ニ決行セラレタルモノニ非ザル限リ共同生活ノ観念ニ於テ刑罰ノ制裁ノ下ニ法律ノ保護ヲ要求スベキ法益ノ侵害ト認メザル以上之ニ臨ムニ刑罰法ヲ以テシ刑罰ノ制裁ヲ加フルノ必要ナク立法ノ趣旨モ亦ココニ存スルモノト謂ハザルベカラズ

　故ニ共同生活ニ危害ヲ及ボサザル零細ナル不法行為ヲ不問ニ付スルハ犯罪ノ検挙ニ関スル問題ニ非ズシテ立法ノ解釈ニ関スル問題ニ属シ之ヲ問ハザルヲ以テ立法ノ精神ニ適シ解釈法ノ原理ニ合スルモノトス従ツテ之ノ種ノ反法行為ハ刑罰法規ニ規定スル物的条件ヲ具フル罪ヲ構成セザルモノト断ズベク其ノ行為ノ零細ニシテ而モ危険性ヲ有セザルカ否カハ法律上ノ問題ニシテ其ノ分界ハ物理的ニ之ヲ説クコトヲ得ズ健全ナル共同生活上ノ観念ヲ標準トシテ之ヲ決スルノ外ナシ」

[牧柾名・今橋盛勝（編）『教師の懲戒と体罰』エイデル研究所，1982年，pp. 281-285所収］

【東京高裁判決（1981年）の判決理由】

＊東京高裁　昭和56年4月1日判決　昭和55年（う）第292号　暴行被告事件，原審水戸簡裁　昭和55年1月16日判決

本件控訴の趣意は，弁護人中井川昇一，同須藤修が連名で提出した控訴趣意書に，これに対する答弁は，東京高等検察庁検察官岡田照彦が提出した答弁書にそれぞれ記載されたとおりであるから，これらを引用する。〔中略〕

1　控訴趣意として主張されるところは要するに，（1）原判決は，「罪となるべき事実」において，被告人は，Aから「何だ，Bと一緒か」と言われたことに憤慨し，平手及び手拳で同人の頭部を数回殴打した旨判示したうえ，「弁護人の主張に対する判断」の中で，私憤に駆られて手拳で強く数回殴打した認定説示しているが，本件行為の動機・目的及び態様に照らせば，被告人は右Aの軽率な態度を是正するため，生活指導の一環として，説諭しながら平手及び軽く握った手拳で同人の頭部を数回軽くたたいたにすぎないのであって，私憤による行為とはいえず，また（2）右のような被告人の行為は教師としての正当な行為と認められるべきであるから，暴行罪は成立せず無罪であるのに，犯罪の成立を認めた原判決には判決に影響を及ぼすことの明らかな事実誤認，証拠による推認・認定の過程に合理性を欠いた理由そごの違法及び法令適用の誤りがある，というのである。

2　所論の（1）　本件行為の態様，動機・目的について
①　原審記録によると，被告人は，昭和33年3月茨城大学教育学部を卒業し，同年4月教職に就き，昭和38年4月以降水戸市立第五中学校に保健体育及び国語の教師として勤務し，本件当時は3年1組を担任していたものである。一方，Aは，当時中学2年8組に在籍し，クラスの中央委員（学級委員）をしていた

ものである。同中学校では、昭和51年5月12日同校体育館で全校生徒を対象とする体力診断テストを実施することになっていたため、当日朝の体育館内には、10数名の教師のほか400人前後の3年生が右テストを受けるため集合して待機していた。被告人は、当日立位体前屈テストの担当責任者となっており、Aは他の生徒5名と共に被告人の下で同テストの測定・記録係をすることになっていた。被告人は、同日午前8時55分頃、同テストを行うため同体育館西北側入口から中に入り、北側のステージ中央より向かって右半分に設営してある測定場所の方に歩きながら、「体前屈係の人は集まりなさい。」と声をかけたところ、被告人の左側の方でAが「何だ、Bと一緒か。」と言いながら、仲間の生徒にずっこけの動作（わざと急に膝を打って体勢を崩し倒れるような仕草）をして見せたので、これを現認した被告人は直ぐ同テストの測定場所付近に同人を呼び、「何だB、とは何ですか。」と言ってたしなめた。

② ところで、それに続くその後の被告人の行動については当日Aと共に体前屈テストの測定係をすることになっていた同じ2年生のC、D、E及びFが、本件発生当時いずれも被告人及びAの近くからその場の模様を目撃し、その情況を原審における証人尋問調書中で供述しているので、まずこれらの各証言内容をみてみると、C証人は、「Aと話しながら測定器具のあるステージの方に向かって歩いていたところ、被告人が『A』と怒ったような感じで同人を呼んだうえ、同人と向かい合い、何かぶつぶつ言いながら同人の頭頂部の辺りを拳骨で10回前後はたいた。かなり力が入っており、音がすごく、同人の頭ははたかれる度に動いていた。被告人はすごく怒っている様子だった。」旨証言している。そして同証言をその言葉どおりに措信すれば、原判決のとおり、被告人はAから自分の名前を呼び捨てにされたことに憤慨し、本件行為に及んだこと、そしてその行為の態様・程度もかなり強度の殴打行為であったことを認定することも可能であるようにみえる。しかしながら子細に検討すると、同証言は、全体的にみてAの性格や人柄等の良さを強調しすぎる反面、被告人の本件行為がいかにも強烈であったかのように殊更に誇張して表現している感を抱かせるだけでなく、同証人は、確たる裏付け資料を有していないと思われるのに、Aが死亡したのは被告人の本件行為が原因であるとすら証言しているのであって、

同証人は誤った，ないしは独自の先入観に基づき私情を混えた証言をしているふしが随所にうかがわれ，しかも同証人は「捜査官の取調べの際，被告人のはたき具合は普通だったとも言った。いろいろ聞かれてはっきりしたことがわからなくなってしまった。」旨前記証言と矛盾するかのような供述ないしは記憶の不明確さを露呈するような証言をもしている。このように，その証言は，それ自体にわかに措信し難いのみならず，後述するように，その余の関係証拠と対比して検討すると，内容的にも他の目撃者の証言とかなり掛け離れており，信憑性に乏しいといわざるをえない。

　これに対し，C証人を除くその余のDら3名の証人は，被告人の本件行為を「わりと強い感じでたたいた。被告人はかなり怒っているような感じだった。」（E証言），「ごつという音で振り返ったら，Aがたたかれている音であるとわかった。諭すような感じではなかった。」（F証言），「怒って4，5回たたいた。2，3回かすかにごつという音が聞こえた。」（D証言）旨それぞれ証言しているが，他方，同証人らは，「被告人は手を軽く握って1，2回たたいた。いくらか怒っているみたいだったが，声はそれ程大きくなかった。力の入れ具合は，なでるより少し強かったように思う。Aがこれに対して不満そうな態度を示したので，被告人が更に4，5回たたいたが，力の入れ具合は前と同じくらいだった。被告人は多少加減してやっている感じだった。」（D証言），「被告人は肩から振り下ろす感じでAを10回くらいたたいた。たたいては注意している感じだった。触るよりは強くたたいた。男の先生がたたく程ではなかった。被告人はAを諭すような感じであった。」（F証言），「被告人はわりと大きい声でAを含めた証人ら全員に注意してからAを殴った。被告人の殴り方の強さは中程度だった。音がしたかどうか憶えていない。男の先生が生徒を平手で殴るより弱い殴り方だった。」（E証言）旨それぞれ証言している。そして，それらの各証言はその内容を子細に検討すると，その間に矛盾する部分も散見されるけれども，全体としてそれ程不自然，不合理な点が存在しないばかりでなく，前掲D証言及び原審証人Gの供述その他関係証拠によっても明らかなとおり，前記Dら生徒は，死亡した学友Aに対しては同情の念を有していた反面，被告人に対しては多分にそれとは逆の気持ちを抱いていたことが推察されるのであるから，

Dら3名の証人が被告人の本件行為を悪く証言することはありえても，事実を曲げて被告人をかばい，被告人に有利な証言をしているとは考えられない。Dら3名の証人が本件行為の目撃状況について供述している部分はその大筋において信用してよいと認められる。

また，原・当審における証人Gは，「自分は本件当時体育主任として体育館内のステージ中央よりやや向かって左寄り付近で測定準備の確認等をしていたが，その際被告人がAに対して，『何だB，とは何ですか。』と叱責するような声を発したので，被告人の方を振り向いたところ，軽く拳を握った被告人の右手が肩のあたりまで水平に上っていた。気合いを掛けているなとは思ったが，声も体育のとき普通に使う程度の大きさであったし，特に制止するような雰囲気でもなかったので自分は次の動作に移った。本件の数か月後，教頭と共に生徒3名から事情を聞いた際，生徒らは相互に『こづく，という状態かな。』と言っていた。」旨述べており，また，当時体力測定を受けるため体育館内に集合，待機していた3年生のH，Iの両名も当審における証人尋問調査中でいずれも，被告人とAが向き合っていた際の状況ないし雰囲気について，普通に叱られているという状態であった旨供述している。そして，以上のような諸証拠に加えて，被告人がAに対してした本件行為が体育館内に集まっていた約400名前後の生徒及び10数名の教師の面前で，いわば衆人環視の中でなされているにかかわらず，同館内にいた大多数の者はこれに気付かず，格別周囲の注意をひくほどの出来事でもなかったこと，その後しばらくの期間はこの時のことは学校内で生徒間の話題になった形跡もないこと，Aは被告人にたしなめられ，手を出されたことに対して不満げではあったが，別段反抗したり反発したりしたわけではなく，おとなしく叱られる態度であったのであるから，被告人の方もさらに感情を高ぶらせて激しい行動に出るような状況ではなかったこと並びに被告人が捜査段階以来一貫して供述しているところを併せ考えてみると，被告人が同人に対してなした言動としては，その場で約1，2分間にわたり，「今言ったことをもう一度先生に言ってごらん。」「言っていいことと悪いことがある。2年生になったんだから，そんなことを判断できないのではいけない。」「そんなへらへらした気持ちでは3年生に対して申しわけがない。中堅学

年としてもっとしゃきっとしなければいけない。」等と言葉で注意を与えながら、同人の前額部付近を平手で一回押すようにたたいたほか、右手拳を軽く握り、手の甲を上にし、もしくは小指側を下にして自分の肩あたりまで水平に上げ、そのまま拳を握り下ろして同人の頭部をこつこつと数回たたいたという限度において、これを認定するのが相当であるといわなければならない。そして被告人がAに対し右の程度を越え、それ以上に強烈な身体的打撃を加えたと認めるにたる証拠はなく、また被告人の右の行為が同人の身体に障害や後遺症を残したと認めるべき証跡も全く存在しないのであるから、原判決のように、強く殴打したと認定するには証拠上合理的疑問が残るものといわなければならない。

もっとも、Aの母親である原審証人Jは、Aは本件発生の同年5月12日以後顔色が優れず、食欲もなく、倦怠感を示すような態度をとり、数日後には頭痛を訴えるなど、本件当日以後における同人の様子はそれ以前に比べると明らかに変調を来たしており、また、死亡当日同人の左側頭部には皮下出血（こぶ）ができていた旨供述するのであるが、同証人の供述には記録上他にこれを裏付ける資料が全くないばかりでなく、当時Aは風疹にかかっており、かつ、同人が活動期の少年であってバレーボール部にも所属していたことなどをも考えると、仮に右母親の証言が真実であったとしても、それらの症状が果たして被告人の本件行為と関連性を有するものであったか否かはにわかに判断し難く、他にこれを肯認させるに足りる証拠は存在しない。

（なお、Aは、本件当日から8日後の同月20日に死亡していることが記録上明らかであるが、死亡の原因とみられる脳内出血が外因性のものであるか否かは不明であって、被告人の本件行為と同人の死亡との間に因果関係が存在することを認むべき証拠は全く存在しない。）

③ 以上の事実関係を前提として、次に被告人がAに対してなした行動の動機・目的について検討すると、本件行為が同人の「何だ、Bと一緒か。」という言葉とずっこけの動作に端を発したものであることは前示のとおりであるが、Aの右言動は、それ自体としては確かに担当教師に対する失望の念と軽侮の情を示した穏当を欠くものであったといえるにしても、被告人に対して面と向っ

て殊更にしたというわけではなく，仲間の生徒同士の間で軽い悪ふざけの気分を深い考えもなく無造作にひょうきんな仕草で表出したにすぎないものと認められるのであるから，被告人がたまたまこれを傍らで現認した際，それに激発されて直ちに冷静さを失い，教師としての立場を忘れ，前後の見境もなくなるほど憤慨するなどということは余りにも大人気ない不自然なことで，通常ありえないことであるといわなければならない。のみならず，被告人はAが１年生の時国語を担任しており，同人の性格が陽気で人なつこい反面，落ち着きがなく軽率なところがあることを知っていたが，被告人に対して話しかけたり，ふざけたりするようなことも比較的多い生徒であったので，被告人としても同人に対してはある種の気安さと親近感を持っていたことも事実であり，さらにこれに加えて，被告人の年齢，教師としての経験，教育熱心な日頃のまじめな勤務態度等をも併せ考慮すれば，原判決が認定するように，被告人がAの右言動によって憤慨・立腹し，私憤に駆られて単なる個人的感情から暴行に及んだとすることは，行為の動機・目的を単純化しすぎるものといわざるをえず，むしろ被告人としてはAの前記のような言動を現認して，同人が自ら望んでまで中央委員に選出されていながら，従前の軽率さがまだ直っていないと思い，二言三言その軽はずみな言動をたしなめながら前示のような行為に出たのが，事の真相であったと思われる。とすれば，被告人の本件行為の動機・目的の主要な本質的な部分は，中学２年ともなった生徒に社会生活環境のなかでよく適応していけるような落ち着いた態度を身につけさせるため，教育上生活指導の一環としてその場で注意を与えようとするにあったものと認めて差支えないものと考える。被告人の行為の具体的内容，その態度，程度が前示のようなものにとどまっていることも，右の認定を裏付けるものといわなければならない。もっとも，被告人が，教師の名前を呼び捨てにし，茶化すような仕草をした生徒の言動を現認した際，快からず思い，一時的にもせよいたずらに興奮に駆られることなく，教育上必要な注意を与えるという自覚の上に立ち，また生徒に対してとった行動自体も教師としての節度を著しく逸脱したものとは認められない本件のような場合には，心のなかにわずかに混在した不快の感情の起伏を捕らえ，それを理由にして教育的意図の存在を否定したり，不当に過小評価したり

することは許されないところであるといわなければならない。被告人の行為の動機・目的を単にAの言動に憤慨して個人的感情を爆発させたためとすることは誤りであるといわなければならない。

以上説示したとおり，原判決には，被告人の本件行為の態様並びにその動機・目的の認定において，重大な事実の誤認があると認めざるをえない。

3　所論の（2）　本件行為の違法性の有無について

①　刑法208条の暴行罪にいう「暴行」とは，人の身体に対する有形力の不法な行使をいうものと一般に解されている。そこで，被告人の本件行為が暴行罪にあたるか否かを検討してみると，その行為の具体的態様は，前記2の②において認定説示したとおりであって，その程度は，比較的小柄なAに身長，体重ともに勝った被告人の体格を考慮に入れても，はなはだ軽微なものといわなければならないが，この程度の行為であっても，人の身体に対する有形力の行使であることに変わりはなく，仮にそれが見ず知らずの他人に対しなされたとした場合には，その行為は，他に特段の事情が存在しない限り，有形力の不法な行使として暴行罪が成立するものといわなければならない。

②　ところで本件行為は，前に説示したように，体力診断テストの開始に先立つ準備段階の時点で，教師である被告人によって生徒のAに対し教育上の生活指導の一環として行う意図でなされたものと認むべきものであり，また，その行為の態様自体もそのような意味・性格をもった行動としての外形を備えていると認むべきものであるところ，学校教育法11条は，「校長及び教員は，教育上必要があると認めるときは，監督庁の定めるところにより，学生，生徒及び児童に懲戒を加えることができる。ただし，体罰を加えることはできない。」と規定し，教師が生徒に対して体罰にいたらない限り懲戒することを認めており，右の懲戒には，退学・停学及び訓告等の処分を行うこと，すなわち法律上の懲戒をすることのほか，当該学校に在学する生徒に対し教育目的を達成するための教育作用として一定の範囲内において法的効果を伴わない事実行為としての教育的措置を講ずること，すなわち事実行為としての懲戒を加えることをも含まれていると解されるのであるから，被告人の本件行為が果たして学校教

育法による正当な懲戒行為として法の許容するところのものであるのか、あるいは、有形力の「不法な」行使として違法性を有するものであるのかについて、更に検討を加えなければならない。

　そこでまず、教師が学校教育法に基づき生徒に対して加える事実行為としての懲戒行為の法的な性質を考えてみると、右懲戒は、生徒の人間的成長を助けるために教育上の必要からなされる教育的処分と目すべきもので、教師の生徒に対する生活指導の手段の一つとして認められた教育的権能と解すべきものである。そして学校教育における生活指導上、生徒の非行、その他間違った、ないしは不謹慎な言動等を正すために、通常教師によって採られるべき原則的な懲戒の方法・形態としては、口頭による説諭・訓戒・叱責が最も適当で、かつ、有効なやり方であることはいうまでもないところであって、有形力の行使は、そのやり方次第では往々にして、生徒の人間としての尊厳を損ない、精神的屈辱感を与え、ないしは、いたずらに反抗心だけを募らせ、自省作用による自発的人間形成の機会を奪うことになる虞れもあるので、教育上の懲戒の手段としては適切でない場合が多く、必要最小限度にとどめることが望ましいといわなければならない。しかしながら、教師が生徒を励ましたり、注意したりする時に肩や背中などを軽くたたく程度の身体的接触（スキンシップ）による方法が相互の親近感ないしは一体感を醸成させる効果をもたらすのと同様に、生徒の好ましからざる行状についてたしなめたり、警告したり、叱責したりする時に、単なる身体的接触よりもやや強度の外的刺激（有形力の行使）を生徒の身体に与えることが、注意事項のゆるがせにできない重大さを生徒に強く意識させると共に、教師の生活指導における毅然たる姿勢・考え方ないしは教育的熱意を相手方に感得させることになって、教育上肝要な注意喚起行為ないしは覚醒行為として機能し、効果があることも明らかであるから、教育作用をしてその本来の機能と効果を教育の場で十分に発揮させるためには、懲戒の方法・形態としては単なる口頭の説教のみにとどまることなく、そのような方法・形態の懲戒によるだけでは微温的に過ぎて感銘力に欠け、生徒に訴える力に乏しいと認められる時は、教師は必要に応じ生徒に対し一定の限度内で有形力を行使することも許されてよい場合があることを認めるのでなければ、教育内容はいたず

らに硬直化し，血の通わない形式的なものに堕して，実効的な生きた教育活動が阻害され，ないしは不可能になる虞れがあることも，これまた否定することができないのであるから，いやしくも有形力の行使と見られる外形をもった行為は学校教育上の懲戒行為としては一切許容されないとすることは，本来学校教育法の予想するところではないといわなければならない。
③　そこで右のように事実行為としての懲戒に有形力の行使が含まれると解した場合，次に，その許容される程度ないし範囲がどのようなものでなければならないかが問われなければならない。事実行為としての懲戒はその方法・態様が多岐にわたり，一義的にその許容限度を律することは困難であるが，一般的・抽象的にいえば，学校教育法の禁止する体罰とは要するに，懲戒権の行使として相当と認められる範囲を越えて有形力を行使して生徒の身体を侵害し，あるいは生徒に対して肉体的苦痛を与えることをいうものと解すべきであって，有形力の内容，程度が体罰の範ちゅうに入るまでに至った場合，それが法的に許されないことはいうまでもないところであるから，教師としては懲戒を加えるにあたって，生徒の心身の発達に応ずる等，相当性の限界を越えないように教育上必要な配慮をしなければならないことは当然である。そして裁判所が教師の生徒に対する有形力の行使が懲戒権の行使として相当と認められる範囲内のものであるかどうかを判断するにあたっては，教育基本法，学校教育法その他の関係諸法令にうかがわれる基本的な教育原理と教育指針を念頭に置き，更に生徒の年齢，性別，性格，成育過程，身体的状況，非行等の内容，懲戒の趣旨，有形力行使の態様・程度，教育的効果，身体的侵害の大小・結果等を総合して，社会通念に則り，結局は各事例ごとに相当性の有無を具体的・個別的に判定するほかはないものといわざるをえない。
④　そこで本件についてこれをみると，先に認定説示したとおり，本件行為の動機・目的は，Aの軽率な言動に対してその非を指摘して注意すると同時に同人の今後の自覚を促すことにその主眼があったものとみられ，また，その態様・程度も平手及び軽く握った右手の拳で同人の頭部を数回軽くたたいたという軽度のものにすぎない。そして，これに同人の年齢，健康状態及び行った言動の内容等をも併せて考察すると，被告人の本件行為は，その有形力の行使に

あたっていたずらに個人的感情に走らないようその抑制に配慮を巡らし、かつ、その行動の態様自体も教育的活動としての節度を失わず、また、行為の程度もいわば身体的説諭・訓戒・叱責として、口頭によるそれと同一視してよい程度の軽微な身体的侵害にとどまっているものと認められるものであるから、懲戒権の行使としての相当性の範囲を逸脱してAの身体に不当・不必要な害悪を加え、又は同人に肉体的苦痛を与え、体罰といえる程度にまで達していたとはいえず、同人としても受忍すべき限度内の侵害行為であったといわなければならない。もっとも、同人の本件程度の悪ふざけに対して直ちにその場で機を失することなく前示のような懲戒行為に出た被告人のやり方が生徒に対する生活指導として唯一・最善の方法・形態のものであったか、他にもっと適切な対処の仕方はなかったかについては、必ずしも疑問の余地がないではないが、本来、どのような方法・形態の懲戒のやり方を選ぶかは、平素から生徒に接してその性格、行状、長所・短所等を知り、その成長ぶりを観察している教師が生徒の当該行為に対する処置として適切だと判断して決定するところに任せるのが相当であり、その決定したところが社会通念上著しく妥当を欠くと認められる場合を除いては、教師の自由裁量権によって決すべき範囲内に属する事項と解すべきであるから、仮にその選択した懲戒の方法・形態が生活指導のやり方として唯一・最善のものであったとはいえない場合であったとしても、被告人が採った本件行動の懲戒行為としての当否ないしはその是非の問題については、裁判所としては評価・判断の限りではない。そして関係証拠によって認められる本件の具体的状況のもとでは被告人が許された裁量権の限界を著しく逸脱したものとは到底いえないので、結局、被告人の本件行為は前述のように、外形的にはAの身体に対する有形力の行使ではあるけれども、学校教育法11条、同法施行規則13条により教師に認められた正当な懲戒権の行使として許容された限度内の行為と解するのが相当である。

4　以上の次第であるから、Aに対して被告人がした本件行為は、刑法35条にいわゆる法令によりなされた正当な行為として違法性が阻却され、刑法208条の暴行罪は成立しない。従って、本件公訴事実どおりに事実を認定し、被告人

に暴行罪の成立を認めた原判決には，判決に影響を及ぼすことが明らかな事実誤認及び法令の解釈・適用の誤りがあるといわなければならないから，その余の論旨については判断するまでもなく，原判決は破棄を免れない。論旨は理由がある。

よって，刑訴法397条１項，382条，380条により原判決を破棄し，同法400条但し書きに従い当裁判所において次のとおり判決する。

本件公訴事実は，「被告人は，昭和51年５月12日午前８時55分ころ，水戸市堀町1166番地の１所在の水戸市立第五中学校体育館において，同所に居合わせた同校２年生Ａ（当時13歳）から「何だ，Ｂと一緒か」と言われたことに憤慨し，平手及び手拳で同人の頭部を数回殴打する暴行を加えたものである。」というのであるが，被告人の本件行為は，前記認定のとおり，刑法上法令による正当行為と認められ，原・当審における全記録を精査しても右認定を覆して被告人を有罪と認めるにたる証拠がなく，結局本件は犯罪の証明がないことに帰着するから，刑訴法336条により被告人に対し無罪の言渡しをすることとする。

（裁判官・小松正富・苫田文一・宮嶋英也）

［牧柾名・今橋盛勝（編）『教師の懲戒と体罰』エイデル研究所, 1982年, pp. 286-295所収］

両判決の判決理由に見られる教育法理構造は表４−１のとおりである。

ここに両判決の特徴がはっきり表れている。それは，大阪高裁判決が法理論に忠実であった［殴打の動機に愛情論や一般論，親の懲戒権の部分的代行論を理由にすることを認めなかった］のに対し，東京高裁判決が極めて教育論的であった［有形力の行使を伴わない懲戒行為を，「微温的に過ぎて感銘力に欠け」，「血の通わない形式的なもの」ときめつけ，「単なる身体的接触（スキンシップ）よりもやや強度の外的刺激（有形力の行使）を生徒の身体に与えること」は，「教育上肝要な注意喚起行為ないしは覚醒行為」として「教師に認められた正当な懲戒権の行使として許容された限度内の行為と解するのが相当である」とした］ことに見られる。

このように，学校教育法第11条但書で明確に禁止されている「体罰」は，そ

表4-1 大阪高裁判決（1955年）および東京高裁判決（1981年）の判決理由に見られる教育法理構造[8]

教育法理構造	大阪高裁判決（1955年）	東京高裁判決（1981年）
①子どもの人権と教師の専門職権限（懲戒権限）の拮抗状況	○子どもの人権を大前提として把握 ＊教師の教育権限は日本国憲法の基本的人権と平和主義の法的制限を受けざるを得ない。 ＊教師の専門職的権限（懲戒権限）は、子どもの学習権・発達権の保障責務に付随して成立するものと考えられる。	○教師の専門職的権限（懲戒権限）や学校の管理・運営を重視 ＊子どもの人権は教師の職務権限に対応して保障されるものと考えられる。 ＊子どもの学習権・発達権を保障するためには、一般人権がある程度侵害されてもよいとする考えがみられる。
②教師の裁量権（懲戒行為の内容・限界）の判断基準	○一律に殴打行為の暴行罪適用を判断 ＊教育目的があるからといって、殴打のような暴行行為は、刑法上の違法性が阻却されない。	○より具体的、実質的に判断 ＊一定の有形力の行使（身体的接触よりやや強度な外的刺激⇒教育上肝要な注意喚起行為ないしは覚醒行為）は正当な懲戒行為であり、暴行罪の違法性は阻却される。
③親の懲戒権（民法822条）と教師の懲戒権（学校教育法第11条）の差異	○「親の懲戒権」と「教師の懲戒権」は本質的に異なる。 ＊教師の教育権限は、決して父母の親権を部分的に代行する性格のものではなく、教師の固有な（教育の場での）専門職的権限に入るものと考えられる。	○「親の懲戒権」と「教師の懲戒権」については直接触れていない。 ＊「親の懲戒権」と「教師の懲戒権」との差異が縮まっているとも、両者を同質的にとらえているとも考えることができる。
④現行法体系の位置づけ	○憲法・教育基本法体系に位置づけられている。	○裁判官の主観（教育観）にすぎない。 ＊生徒指導論を積極的に採用
⑤罰則適用	○積極的要因として機能	○阻害要因として機能

の最も基本とされなければならないはずの法概念が確立されていないために，是非論をめぐる体罰論に一層の混乱をもたらしている。

4.2　教育論と法理論の接点を求める必要性とその課題

　大阪市立桜宮高等学校男子生徒の体罰死事件［2012（平成24）年12月23日］を契機に，文部科学省が行った「体罰の実態調査」［平成25年8月9日に，平成24年度に発生した体罰の状況（国公私立を対象にした調査結果）を公表］によって，体罰問題が教育法に関わる重大な教育問題として改めて注目されるよ

うになり，学校教育法第11条但書（体罰の禁止）への認識がにわかに高まってきた。

しかし，学校教育現場の教師の「体罰の禁止」への自覚は未だ十分とはいえない。そうした中にも，以前の実態と確実に異なっているのは，学校教師を取り巻く環境の変化，すなわち保護者，教育委員会，教育学者，世論等の体罰を許さないとする動向がにわかに高まりを見せていることである。このような動きは，その他の行政処分の経過とは大きく異なって，学校教育法第11条但書（体罰の禁止）の違反には厳しい法的責任が課せられるようになったことと対応している。すなわち，「教育目的」の名の下に「体罰」が罷り通るような余地がなくなってきたということである。

にもかかわらず，学校教育現場にあって体罰の実態がなくならないのはなぜなのか。体罰が法で禁止されていても，結果的にそれを無視できるものは一体何なのか。学校教育法第11条但書（体罰の禁止）がその機能を十分に果たせていないように思われる。

これまで論じられてきた体罰論の視点は二つある。それは，「教育論」の視点と，「法理論」の視点である。この二つの論（視点）は互いに交わることがなく，平行線をたどっているかに見える。このことは，先にみたように，判例［大阪高裁判決（1955）と東京高裁判決（1981）］からも容易に理解できる。ここに，教育論と法理論をめぐる体罰論の混乱状態を指摘することができる。

それゆえに，体罰論の二大潮流ともいえる，上記二つの論が独立して展開されるのではなく，教育論と法理論の接点ともいうべきものが求められなければならない。すなわち，体罰という教育現象を本来あるべき教育法現象（学校教育法第11条但書は「法概念としての体罰」の問題）として捉え，その枠の中で「体罰」の該当性が問われなければならないということである。その場合，今橋のいう「学校教育法第11条の但書規定は，教育目的をもった懲戒行為であっても，その方法としては，体罰を用いてはならないとしているところに法的意味が認められる」とした指摘がベースになる。[9]

教育論と法理論の接点を求めることへの課題は，今橋が指摘する「「体罰」に該当する体罰行為は許されないという解釈を認めた上で，「体罰」には至ら

ない体罰的行為，法的に許容された体罰的行為が存在しうるか否かという問題が残されつづけている」ことを克服することにある。このことを避けて通ることはできない。この残された課題の克服には，次の寺崎弘昭の見解が参考になる。

「体罰的懲戒」なるものが「体罰」とは別に存在するという解釈や，「事実上の懲戒の一種」にある種の体罰が含まれ，それは「体罰」ではないという解釈が，少なくとも戦後に関して，可能であるとはわたしには思われない。

1948年12月22日付法務調査意見長官回答「児童懲戒権の限界について」は，「身体に対する侵害を内容とする懲戒—殴る，蹴るの類」の他に「被罰者に肉体的苦痛を与えるような懲戒—長時間にわたる端坐・直立等の場合」を「体罰」としている。このことからも，比較的軽微な「身体に対する侵害」や「被罰者に肉体的苦痛を与えるような懲戒」を，「体罰的懲戒」なるものとして，「体罰」ではないとするのは妥当とは思えない。

殴る，蹴るの類のような身体に対する侵害やそれ以外の方法で被罰者に肉体的苦痛を与えるような懲戒を，肉体的苦痛の軽重によって「体罰」と「体罰的懲戒」に区別すべきではない。なぜなら，そうすることによって学校教育法第11条但書が拡大解釈され，体罰を許容する余地を認めることになるからである。肉体的苦痛の軽重を問わず，「体罰的懲戒」は「体罰」と捉えられるべきである。

体罰論において，教育論と法理論のギャップの大きさが指摘される。それは，法理論に配慮することなく教育論が論じられていることや教育論に配慮することなく法理論が論じられていることに現れている。このことは，しばしば言及されるように，体罰が「スキンシップ論」「愛のムチ論」「教育目的論」「教育効果論」等の教育論によって肯定されるなどの，日本人特有の法意識に関わっているのかもしれない。そのことが，学校教育現場にあって体罰の実態がなくならない理由であるとするならば，体罰が法で禁止されていても，その実効性

表4-2　調査対象大学，調査年月日，学部，学年，教職科目，回収率

大　学	調査年月日	学　部	学年	教職科目	回収率
H国立大学	2015.7.7	理学・工学・生物生産	2年	教職入門	104/126＝79.4%
K私立大学	2015.7.10	心理科学	2年	教育課程論	26/ 30＝86.7%
K私立大学	2015.7.13	心理科学	3年	特別活動論	19/ 26＝73.1%

表4-3　体罰に関するアンケート

　次のA～Fの各質問について，あなたの考えに最も近い回答の記号を○印で囲んでください。

[回答者] 大学（　）年　男・女

A　体罰が法律（学校教育法第11条但書）で禁止されていることを知っていましたか。
　　ア　はい（知っていた）　　イ　いいえ（知らなかった）

B　Aでアと答えた人にお尋ねします。そのことを知ったのはいつ頃ですか。
　　ア　小学生の頃　　イ　中学生の頃　　ウ　高校生の頃
　　エ　大学生になって

C　体罰が法律で禁止されていることをどう思いますか。
　　ア　賛成　　イ　反対　　ウ　あまり気にしていない

D　体罰に教育的効果があると思いますか。
　　ア　大いにあると思う　　イ　少しあると思う
　　ウ　全くないと思う

E　教育目的を達成するための指導として，一定の範囲内（肉体的苦痛を与えない程度）の有形力の行使は，認められてもよいと思いますか。
　　ア　一定の範囲内（肉体的苦痛を与えない程度）であればよい
　　イ　一定の範囲内（肉体的苦痛を与えない程度）であっても認めるべきではない
　　ウ　よくわからない

F　「殴る，蹴る」のような身体に対する直接の侵害を内容とするものではない懲戒（長時間にわたる端坐，直立，放課後の居残りなど）も，体罰に当たると思いますか。
　　ア　そう思う　　イ　そう思わない　　ウ　よくわからない

は高くないと言わざるを得ないだろう。

　このことは，教職課程を履修し，やがて教職に就こうとしている大学2・3年生を対象にした「学校教育法第11条但書に関する法意識調査」にもよく現れている（→表4-2，表4-3，表4-4を参照されたい）。

第Ⅰ部　体罰の実態の概観

表4-4　学校教育法第11条但書に関する法意識調査の結果

				男女別合計		総合計
				男	女	男女
A	体罰が法律で禁止されていることを知っていたか	ア	はい	97 (90.7)	41 (97.6)	138 (92.6)
		イ	いいえ	10 (9.3)	1 (2.4)	11 (7.4)
B	Aのことを知ったのはいつ頃か	ア	小学生の頃	10 (9.3)	4 (9.5)	14 (9.4)
		イ	中学生の頃	36 (33.6)	12 (28.6)	48 (32.2)
		ウ	高校生の頃	43 (40.2)	13 (31.0)	56 (37.6)
		エ	大学生になって	6 (5.6)	12 (28.6)	18 (12.1)
C	体罰が法律で禁止されていることをどう思うか	ア	賛成	48 (44.9)	24 (57.1)	72 (48.3)
		イ	反対	17 (15.9)	5 (11.9)	22 (14.8)
		ウ	気にしていない	42 (39.3)	13 (31.0)	55 (36.9)
D	体罰に教育的効果があると思うか	ア	大いにある	10 (9.3)	3 (7.1)	13 (8.7)
		イ	少しある	74 (69.2)	19 (45.2)	93 (62.4)
		ウ	全くない	20 (18.7)	20 (47.6)	40 (26.8)
E	肉体的苦痛を与えない程度の有形力の行使は認めてもよいと思うか	ア	認めてもよい	66 (61.7)	19 (45.2)	85 (57.0)
		イ	認めるべきでない	16 (15.0)	12 (28.6)	28 (18.8)
		ウ	よくわからない	25 (23.4)	11 (26.2)	36 (24.2)
F	長時間にわたる端坐,直立,放課後の居残りなども体罰に当たると思うか	ア	そう思う	34 (31.8)	15 (35.7)	49 (32.9)
		イ	そう思わない	54 (50.5)	12 (28.6)	66 (44.3)
		ウ	よくわからない	19 (17.8)	14 (33.3)	33 (22.1)

＊（　）内の数字は割合（％）を表している。

　上記の学校教育法第11条但書に関する法意識調査の結果から次のことがわかる。

　A　男女とも9割を超える学生が「体罰が法律で禁止されていることを知っていた」と回答した。しかし，体罰が法で禁止されていることを知っていることと，体罰を否定する（行使しない）こととが必ずしも一致しない実態が明らかに見られる。大学生への法教育の重要性がここにある。

　B　多くの学生が，「体罰が法律で禁止されていることを知った」時期を中学生・高校生の頃であったと回答した。中・高校時代に，教師から体罰を受けた経験や体罰事件の報道等によって認識したことが想定される。

C 「体罰が法律で禁止されていること」を肯定的に受け止めていない学生が男性で約55％，女性で約43％もいることがわかった。このことは体罰を肯定する裏返しとも考えられる。

D 「体罰に教育的効果がある」と思っている学生が男性で78.5％，女性で52.3％もいることがわかった。男女差が大きいこともわかった。Cの裏返しとしてDがあることがうかがえる。

E 「肉体的苦痛を与えない程度の有形力の行使」を認めてもよいと思っている学生が，男性で61.7％，女性で45.2％もいることがわかった。軽い程度の有形力の行使は体罰ではないとする認識がうかがえる。

F 「長時間にわたる端坐，直立，放課後の居残りなど」が体罰に該当すると思っている学生は，男性で31.8％，女性で35.7％しかいないことがわかった。殴る，蹴るの類のみが体罰だと認識していることがうかがえる。

以上のことから，次のことがいえそうである。

① Cの結果（「体罰が法律で禁止されていること」を肯定的に受け止めていない学生が男性で約55％，女性で約43％もいること）はD（「体罰に教育的効果がある」と思っている学生が男性で78.5％，女性で52.3％もいること）の裏返しでもあると捉えられる。このままこの学生たちが教職に就くとなれば，体罰を行ってしまう確率が高くなるであろうことが想定される。

② 「体罰に教育的効果がある」と思っている学生の比率が高いことは驚きである。被体罰の経験からそう思っているのであれば，教師の事後ケアがよほどうまくいったケースであったことが考えられる。他者が体罰を受けるのを見てそう思ったのであれば，体罰によって当該の生徒や所属集団にとって利するところがあったものと考えられる。いずれにしても，教師の体罰行為を学生が児童生徒の時代を通して予想以上に肯定的に捉えていたことがうかがえる。このことが教師の体罰を後押しすることになるのである。

③ 「長時間にわたる端坐，直立，放課後の居残りなど」が体罰に該当することを理解していないことがうかがえる。殴る，蹴るの類などの物理的な

第Ⅰ部　体罰の実態の概観

力によらなくても，懲戒の方法によっては，結果的に肉体的苦痛を与えるケースがあることを学生に認識させておくことが望まれる。このことを認識できていない学生がこのまま教職に就くとなれば，体罰に該当する行為が多発することが考えられる。

注

1) 今橋盛勝「体罰の法概念・法意識・法規範・法関係」牧柾名・今橋盛勝（編）『教師の懲戒と体罰』エイデル研究所，1982年，p. 54，p. 56。
2) 今橋盛勝「体罰・体罰事件・裁判記録・判決を問うことの意味」今橋盛勝・安藤博（編）『教育と体罰』三省堂，1983年，p. 17。
3) 兼子仁『教育法（旧版）』有斐閣，1963年，p. 148。
4) 長谷川幸介「体罰判例の教育法的検討」牧柾名・今橋盛勝（編）『教師の懲戒と体罰』エイデル研究所，1982年，p. 139。
5) 吉野簡裁判決［1954年（昭和29年）5月25日］：暴行罪。
6) この後上告，最高裁判決［1958年（昭和33年）4月3日］：上告棄却。
7) 水戸簡裁判決［1977年（昭和52年）5月24日：略式命令（罰金5万円），1980年（昭和55年）1月16日：正式裁判に持ち込まれ，暴行罪（罰金3万円）］。
8) 体罰事案に関する大阪高裁判決（1955年）及び東京高裁判決（1981年）の判決理由［牧柾名・今橋盛勝（編）『教師の懲戒と体罰』エイデル研究所，1982年，pp. 281-295所収］から，執筆者（竹田）が作成した。
9) 今橋，前掲「体罰の法概念・法意識・法規範・法関係」，p. 56。
10) 今橋盛勝『学校教育紛争と法』エイデル研究所，1984年，p. 28。
11) 寺崎弘昭「体罰否定の教育史的意義」教育科学研究会（編）『教育』461号，国土社，1985年，p. 58。

第Ⅱ部
体罰概念の明確化と混乱の克服

第5章　教育倫理学的アプローチの意義と方法

5.1　教育論と法理論の接点を求める
　　　教育倫理学的アプローチの試み

　教員は学校教育法第11条但書（体罰の禁止）の規定を知っている。体罰が教育に馴染まないことも心得ている。そのことがわかっていて体罰に至っているのである。体罰は単なる教育論や法理論では解決のつかない問題だといえる。

　体罰肯定の理由を「愛のムチ論」や「スキンシップ論」のような感情的な教育論に求めてよいのか。真の意味の教育論は教育についての確かな理論，誰もが納得のできる普遍的な教育理念に求められなければならない。このような教育論の構築こそが法理論を支える重要な要素であると考える。体罰論において，教育論と法理論の接点が求められなければならない理由がここにある。教育倫理学的アプローチによって体罰論を展開する試みはこのようにして生まれた。

　繰り返すまでもなく，本書が目指す「教育倫理学的アプローチによる体罰概念の構築」は，序章の「本書の目的」でも述べたが，「古典的な教育論から非体罰の概念を倫理学的に析出し，そこから学校教育法第11条但書（体罰の禁止）の意味と意義を明らかに」することである。[1)]

　「教育論と法理論の接点」は，教育倫理学的アプローチによって求められる。具体的には，エラスムス，ルソー，カントの教育論に焦点を当て，これらを手掛かりとして，「体罰概念の妥当性」を追求することである。

5.2 教育倫理学的アプローチの目的と方法

これまでの体罰論は，大阪高裁判決（1955年）と東京高裁判決（1981年）に象徴されるように，教育論と法理論のどちらかに偏るものであった。本書の「教育倫理学的アプローチの目的」は，このような体罰論によって未だ不明確なままになっている体罰概念を，「法概念としての体罰」に位置づけるための方途を示すことにあるといってもよい。

そのためのアプローチの方法が，エラスムス，ルソー，カントの教育論から，「教育とは」「教師とは」「子どもとは」を追求し，そのことを通して学校教育法第11条但書（体罰の禁止）の意味と意義を明らかにすることである。「体罰概念の妥当性」は，教育論と法理論の接点を求めることにあり，そのための接着剤として機能するのが「教育倫理学的アプローチ」であると確信する。

5.3 教育倫理学的アプローチによって期待されること

エラスムスの教育論，ルソーの教育論，カントの教育学による「教育倫理学的アプローチ」によって，「体罰概念の妥当性」を追求し，「体罰概念の混乱」を克服することができる。

これまでの体罰論をめぐる「教育論」と「法理論」は，水と油の如く，交わることがないままになっていた。その象徴的な事例として，上述の大阪高裁判決（1955年）と東京高裁判決（1981年）が挙げられる。そこに見られる教育論および法理論は，次の①～⑥に代表される。

① 体罰に教育的効果を求めた「教育論としての体罰肯定論」
② 児童生徒の学習権・発達権を保障するためには一般人権がある程度侵害されてもよいとする「教育論としての体罰肯定論」
③ 一定の有形力の行使，すなわち身体的接触よりやや強度な外的刺激は，教育上肝要な注意喚起行為ないしは覚醒行為として，正当な業務（教師の専門職的権限＝懲戒権限）内にあり，暴行罪の違法性は阻却されると

した「教育論としての体罰肯定論」

④ 教師の専門職的権限（懲戒権限）は，児童生徒の学習権・発達権の保障責務に付随して成立するものとして，教師の教育権限は日本国憲法の基本的人権と平和主義の法的制限を受けざるを得ないとした「法理論としての体罰否定論」

⑤ 教育目的があるとしても，殴打のような暴力行為は，刑法上の違法性を阻却されないとし，暴行罪を適用した「法理論としての体罰否定論」

⑥ 教師の教育権限は，決して父母の親権を部分的に代行する性格のものではなく，教師の固有な教育の場での専門職的権限であるとして，親の懲戒権と教師の懲戒権は本質的に異なるとした「法理論としての体罰否定論」

などである。

①〜③が教育論的体罰論［東京高裁判決（1981年）の論理］であり，④〜⑥が法理論的体罰論［大阪高裁判決（1955年）の論理］といえる。

教育倫理学的アプローチによれば，①〜③の「教育論としての体罰肯定論」はことごとく否定されることになるであろう。すなわち教育倫理学的アプローチによる体罰論は，④〜⑥にみられるような「法理論としての体罰否定論」を支持することとなり，①〜③の「教育論としての体罰肯定論」を説得力をもって否定することになるであろう。

それは，教育倫理学的アプローチによって，「教育とは」「教師とは」「子どもとは」が体罰論の根底に据えられ，教育論からも法理論からも納得のいく体罰否定の考え方を明らかにすることになるからである。

注
1) 本書，p.3を参照されたい。

第 6 章 「体罰概念の混乱」の克服　I
―― 古典的な教育論・教育学に学ぶ：エラスムスの教育論から

　エラスムスの教育論からあるべき教育の倫理的態度（「教師の立ち位置」および「教師を追い詰める加担者の立ち位置」）を明確にすることが，本章の目的である。そうすることが学校教育法第11条但書にいう「体罰の禁止」の妥当性を確かなものとし，混乱している体罰概念を克服することに導くであろう。そのための根拠となる文献が『エラスムス教育論』（中城進訳，二瓶社，1994年，以下，同書からの引用は煩雑をさけ，頁数のみを掲載）である。

　次に，エラスムスの教育論を，教師の立ち位置として捉えられる「教育の倫理的態度」と，教師を追い詰める加担者の立ち位置として捉えられる「教育の倫理的態度」の視点で再構成する。

6.1　教師の立ち位置として捉えられる「教育の倫理的態度」

　エラスムスは「幼い子ども」の教育を重視した。幼い子どもが何歳くらいまでを指しているのかは定かではないが，エラスムスが7歳までの早期教育を重視したことから，「7歳までの子ども」を想定することができる。

　エラスムスは，この時期に「苛酷な扱いによって子どもを怯えさせる教師」を相応しくない教師とみている。苛酷な扱いとは，明らかに今日にいう体罰（肉体的苦痛を与える行為＝暴力）をイメージしているものと思われる。では，「相応しい教師」とはどんな教師をいうのか。エラスムスは，「優しい扱いによって子どもを魅惑し引き付ける教師」を相応しい教師として捉えている（p.8）。

　すなわちエラスムスは，「学ぶということの最初の段階」（p.65）（7歳までの段階と想定される）の教育は，教師の愛情が必要であり，ひどく恐れさせる

ような教育方法は正しくないとし，体罰のような恐怖による教育ではなく，「自ずと生じる敬意によって次第に子供を引き付けていく」(p. 67) ような教育，教師を求めているのである。

オランダ出身のエラスムスは1500年前後に活躍した代表的な人文主義者である。この時代の学校は，現在のような普通教育が保障されていない時代であることから，貴族階級の子弟を対象にしていたものと理解される。そのような特権階級の子弟が学ぶ学校において，「鞭の音の響きとか，鞭打ちの音の響きとか，泣き叫ぶ声やすすり泣きの声とか，嫌悪すべき彼等の脅かしの声しか聞こえて来ない」というのであるから，体罰による教育がいかに一般化されていたのかが容易にわかる。エラスムスは，幼い子ども（7歳までの段階と想定される）への体罰が，「成人した後にも勉学を憎む行為を示すようになる」などの悪影響を及ぼすことも述べている (p. 68)。

エラスムスは，体罰の悪影響について，「鞭打ちに慣れることほど子供に有害なものはない」「過度に鞭打ちを行う場合には，才能のある子供の取扱いが難しくなり，絶望へと追い込んで無気力にしてしまう」「過度の鞭打ちを絶えず頻繁に行う場合には，身体を鞭打ちに対して無感覚にし，精神を言葉に対して無感覚にしてしまう」ことなどを挙げている (p. 81)。

このようにしてみると，エラスムスの時代の頃からすでに子どもを人間として扱うことをしない体罰が横行していたことがわかる。しかも，学校教師が喜びをもって残忍なまでに体罰を行っていたことや，体罰を好んで行っていたこと，無実の子どもに罪を捏造さえしていたことなどは，驚きである (p. 227)。

では，教師たる者はどんな存在でなければならないのか。エラスムスは，「文学的教養や上品さを備えた人間」「学識深く有徳で思慮深い人間」「知的・道徳的に陶冶された人間」でなければならないことを述べている。ここにいう「文学的教養」とは，当時の哲学，今日の道徳ということになろうか。その上で，エラスムスは「体罰や脅しなどの恐怖を用いて幼少期の子どもを教育することを否定」したのである。ここにエラスムスは，教育者たる者を「学識を有し，上品な振舞を身に付け，道徳的に優れた人格で，愛情豊かで自身の感情を統制することのできる人間」と定義した (p. 228)。この定義は，今日の学校教

師にも求められるべき資質・能力そのものであり，教師として備えていなければならない重要な要素といえる。このような資質・能力を有する教師であるならば，体罰を指導の手段として用いるようなことには至らないはずである。

6.2 教師を追い詰める加担者の立ち位置として捉えられる「教育の倫理的態度」

　エラスムスの教育的著作は子どもを教育するという親の教育熱に支えられて欧州全域に広がった。エラスムスは，社会的な状況や要請に引きずられ突き動かされながら，「子どもの教育」について執筆したのである。その根拠は，エラスムスが生きた時代に，子どもの教育や礼儀作法の教育というものを求めるようになった社会的な状況や要請が存在したことに求められる。

　今日の子どもたちを取り巻く教育環境は，エラスムスの時代とは異なり，多くの子どもたちにとって普通教育を受けることが可能な状況になっている。世界各国の政治・経済・社会等の事情によって，それぞれの教育環境が異なっていることはいうまでもないが，少なくとも普通教育の進展においては，エラスムスの時代に比べて格段の差がある。

　本節では，教師を体罰へと追い詰める加担者（親や子）の立ち位置がどのようになっているのかを，『エラスムス教育論』から読み取り，あるべき「教育の倫理的態度」を明らかにしておきたい。

　エラスムスは，「人間は教授に向いた精神を与えられている」（p. 16）ことを挙げ，教えられるということが人間として存在することにおいて重要であることを述べている。しかもエラスムスは，「入念にそして良い時期に教え込むことが行なわれなければ，人間は無用の被造物になってしまう」（p. 17）と述べ，単に教え込むのではなく，どのようにしていかなる時期に教え込むことが大切であるのかを示唆している。エラスムスによれば，「教え込むことは生まれつきのものを打ち負かす」（p. 17）効果があるということになる。

　またエラスムスは，「正しく生きるために必要な正義」「哲学を学ぶ必要性」「子供は，単に生命を授けて貰ったことに対してだけでなく，それよりも以上

に，適切に教育された生命を授けて貰ったことに対して親に恩義を被っているもの」など（pp. 21-22）を挙げ，正義・哲学・適切な教育の重要性を述べている。

さらにエラスムスは，「正しく子供を教えないばかりか，悪質なものへと損なうような親たちの怠慢は恥ずべきことである」と述べ，「財産と所有するものを集めることに気や精力を使うのに，何故に子供たちには充分な注意を払おうとはしないのですか」「子供を産みはするけれども教育をしない母親は辛うじて半分位の母親である」「子供の身体が必要とするものを放蕩に到るまで与えるのですが，品位のある規律によって子供の精神を洗練することをしない父親は辛うじて半分位の父親である」などの実態を挙げてこれを悪例として紹介している（p. 22）。

すなわち，エラスムスは「人間は形づくられないと生きてはいけません」（p. 23）との結論を導き，人は教育によって人となることを具体的に示すことによって，親が入念かつ良い時期に教育することの重要性を述べているのである。

このようにエラスムスは，『エラスムス教育論』の中で一貫して幼少時教育の重要性について述べている。エラスムスはこの主張の中で，幼少時教育の責任が子供の生命のはじまりをつくった親たちにあることを指摘しているのである。

その具体について，エラスムスは「幼少の時からすぐに品位あることを愛したり見苦しきことを恐れることを習熟しなければ（人間は）獣になるのです。」「怠慢や誤った教育によって子供の精神に魔術をかける親とはいったい何者なのでしょうか。」「幼い時期の教育をなおざりにする親は何と無分別で恥知らずなことを行なっていることか，ということが明白に言えるのです。」「幼く未熟で小さな幼児をふしだらさで汚して駄目にする人は，大変な罪を犯しているのです。そういう人は，子供が悪徳とは何かを理解する前に，子供に悪徳を教えているのです。」「自分たちの子供を自分たちが堕落させているということには，決して気付くことはないのかも知れません。」「親の自らの生活が子供にふしだらさの例を与えているのです。」「習慣が子供の自然を変化させることになるの

です。」「乳を飲み込む時に悪徳をも飲み込んでしまった子供には良習が教えられにくいということを見聞きすることに関しては，驚くべきことでしょうか。」「子供は，品位あるものを見習うよりも，ふしだらさの方を見習いがちであるのです。」「自分の子供を7歳まで自分の意のままに自分の胸に抱き留めておくこと──それはただ単に子供を愚か者にしておくことになるだけです」（pp. 29-33）など，親たちの幼少時教育の重要性について繰り返し述べている。

　このことは，エラスムスが「子供の最初の人生に相応しい初歩の学習が人生の全ての期間における重要な意義を持つ」と述べ，「寛容などと呼ばれている柔弱で弛んだ教育によって実際には子供は堕落させられてしまっている」と指摘していることによく表れている（p. 33）。

　すなわちエラスムスは，子どもの最初の人生に相応しい親子の善き交わりの大切さや「愛や学習ということによって幼少の子どもたちに対して多大の配慮をするべきである」（p. 34）ことを述べているのである。

　またエラスムスは「子供たちに良習と文学とを惜しみなく教えることを出生から直ちに行なう，ということについての主張」の中で，「良習と学識の教育をそれぞれの近親者に与えることは，何よりも優先する敬虔な義務を遂行することである」（p. 60）と述べ，「親自らが自分たちの子供に教育を施すために教養を学び取る」（p. 61）ことが，親と子との両者にとって有益であると指摘している。

　エラスムスは，このことについて，「子供の教育に費やす暇がない」という理由を付けたり，「行なうべきことを全て無視」したりすることなどを恥ずべきこととし，その上で，「私達は，確信をもって，学識ある者へと目標を定めて子供たちに世話を行なうべき」であると述べ，文学的教養を習得している者が家族のなかに誰もいないのであれば，直ちに専門家を雇うことを勧めている。エラスムスによれば，「その専門家は振舞においても学識においてもしっかりとした人」でなけれならず，「子供が教師に委ねられることが早い時期であればある程，教育はより豊かな成功を収める」ことになると指摘している（pp. 61-63）。

　ところで，エラスムスは，「勉学の辛苦が幼い小さな身体の健康を病弱なも

のにするという」疑念に対して，その危険性はないと述べており，勉学というものは，「全ての人に非常に有益なもの」「全ての人において行なわれるべき不可欠な計画」だと明言している。エラスムスは，その上で，幼い子供に与えるものには，「最良のもの」「子供の年齢に適切なもの」「微細なものよりもむしろ引き付けられるようで愛好すべきもの」であるべきだというのである（pp. 63-65）。

　また，エラスムスは，「全ての幼い子供たちを柔和さをもって愛護しなくてはならない」（p. 68）ことを述べ，鞭打つことを否定している。鞭打つことを例示するのは好ましくないかもしれないが，エラスムスは，主人の鞭打ちに対する奴隷の例から，「矯正できるような素質の奴隷であるのでしたならば，殴打よりも，注意とか恥とか義務の方がより良く矯正される」ことを挙げている。エラスムスはこの例示から，父親の「息子に恐怖を遠ざけてむしろ恥や高潔さとかに親しませる」行為が，「父親が不在である時でさえも子供をしっかりと統率することが出来るようになる」ことだと述べ，「このように行為できない者（父親）は子供を統率することが出来ない」と指摘している。すなわち，子どもに「警告を与える時とか叱責を与える時には残忍さや苦痛をもって行うべきではない」ことを主張している（pp. 73-75）。

　その上でエラスムスは，「私達の鞭は自由人たるべき警告であるべき」だと述べており，その具体として，「時々は叱責が必要であるが，叱責の言葉は薬味を混ぜた温良なものであるべきであって，侮辱的なものであってはならない」ことを主張している。また，エラスムスは，哲学者のリュコンの言葉から，子どもの素質を覚醒させる，二つの熱烈なる刺激――「恥辱」と「称賛」――について述べ，「恥辱」は「公正なる非難を恐れること」，「称賛」は「全ての知識の乳母」であることを挙げ，「このような刺激が子供たちの素質を駆り立てるもの」だと主張した（pp. 82-83）。

　この考え方に，子どもたちの素質を覚醒させる方法としての鞭打ちの発想は微塵もない。では「恥辱」と「称賛」の他に，鞭打ち（体罰）に頼らないで子供たちの素質を覚醒させる方法はないのか。

　エラスムスは『エラスムス教育論』の「子供の礼儀作法についての覚書」の

中で,「子供にとって適正な礼儀作法―身体について―」について,「子供の身体の外見的な礼儀正しさは規則正しく整えられた良き精神から生じるもの」「礼儀正しさというものは,好意を獲得したり,また人間の眼に光輝ある知性を宿らせようとすることに大変役立つもの」だと述べた上で,「全ての人間が自身の精神や身体や身のこなしや着衣をきちんと出来るようになるべき」ことを挙げ,子供たちが全てのことにおいて節制を保てるようにならなければならないことを指摘した (p. 148)。

　エラスムスのいう「子供にとって適正な礼儀作法―身体について―」は,体罰論においても重要な視点を与えるものである。学校教育法第11条但書（体罰の禁止）は,教師の児童生徒に対する肉体的苦痛を伴う物理的行為を禁止していることから,体罰なき教育を進めて行く上での教育方法を対象にすることは必ずしも必要なことではないかもしれない。しかし,教師が肉体的苦痛を伴う物理的行為（体罰）に至ってしまう状況を想定するとき,児童生徒の礼儀をわきまえない態度が,教師の冷静さを失わせる場合が少なくないことから,児童生徒が教師を体罰に追い詰める加担者として存在することが指摘される。児童生徒が,学校教育法第11条但書によって教師の体罰が禁止されていることを知っているか否かにかかわらず,教師を挑発する行為に至ることがある。それゆえに,教師が体罰なき教育の方法――とりわけどのように児童生徒を教育することがふさわしいのか――を心得ておくことが重要になる。このことは,裏返していえば,児童生徒が教師を体罰に追い詰める加担者として存在させないための次善の策といえる。

　その一つの方法が,エラスムスのいう「子供にとって適正な礼儀作法―身体について―」にあることをすでに指摘したところである。具体的には,児童生徒に「身体の外見的な礼儀正しさ」を求め,「規則正しく整えられた良き精神」を培うことが教育の基本とされなければならないということである。形を形からのみ求めるのではなく,形を精神から導き出すということである。

　エラスムスは「子供が悪習や悪徳を習得する前に,子供の将来に責任を持つ者が悪習や悪徳を吸収しないための有効な手段や対策を講じなければならない」ことを述べるとともに,「そのような環境条件や教育が用意されることに

よって，子供は，最良の習慣や知識に慣れ親しむこととなり，堕落した悪習や悪徳を詰め込む替わりに良き習慣や良き言葉や良き知識を習得するようになる」ことを指摘した。このことから，エラスムスは，「人間は"教育を受ける存在"であるとともに"教育を行なう存在"でもある」ことや，「人間が神からの授かりものとしての子供に対して最良の教育を行なうことは，神に対しての義務や責任を忠実に遂行すること」でもあることを述べている。エラスムスはその上で，「"真の父親"とか"真の母親"という親としての義務や責任」について述べている。そして，親がなすべき配慮として，「しっかりと選び出された教師に子供は速やかに委ねられるべきである」と述べ，教師を採用する時には充分に慎重な選択をして有徳で優れた教師に子どもを委ねることを説いている (pp. 223-225)。

　ここからも，教師を体罰へと追い詰める加担者（親や子）の立ち位置が見えてくる。それは，子どもの将来に責任をもたない親，親としての義務や責任を果たさない親，堕落した悪習や悪徳を詰め込む親，子どもに対して最良の教育を行おうとしない親などの立ち位置である。

第7章 「体罰概念の混乱」の克服 Ⅱ
──古典的な教育論・教育学に学ぶ：
ルソーの教育論『エミール』から

　ルソーの教育論『エミール』からあるべき教育の倫理的態度（「教師の立ち位置」および「教師を追い詰める加担者の立ち位置」）を明確にすることが，本章の目的である。このことが学校教育法第11条にいう「体罰の禁止」の妥当性を確かなものとし，混乱している体罰概念を克服することにつながることを確信している。その根拠となる文献は『エミール』（今野一雄訳，岩波書店，上巻，1962年，以下，煩雑をさけるため同書からの引用は頁数のみを掲載）である。

　次に，ルソーの教育論『エミール』を，教師の立ち位置として捉えられる「教育の倫理的態度」と教師を追い詰める加担者の立ち位置として捉えられる「教育の倫理的態度」の視点で再構成する。

7.1　教師の立ち位置として捉えられる「教育の倫理的態度」

　本節では，『エミール』に見られるルソーの教育的視点から，体罰の危機に置かれている教師の立ち位置と，非体罰の教育を推進するための教師の「教育の倫理的態度」について述べる。

7.1.1　「消極教育」と「早期教育の否定」

　近代教育学の祖，ルソーの『エミール』は古典的名作といえる。それどころか現代にも通用する教育書といっても過言ではない。『エミール』は「万物をつくる者の手をはなれるときすべてはよいものであるが，人間の手にうつるとすべてが悪くなる。」（p. 27）の書き出し（第1編）で始まる。『エミール』は「消極教育」としてのルソーの教育論を描いている。ルソーは，人間がいつ何

を学ぶべきかは，予め自然によって決められているという。それゆえ，教育者は子どもの中の自然に合わせて，何をいつどう教えるかを決めていかなければならないことになる。

　ここで注意しなければならないのは，自然と社会の関係を，ルソーは対立的なものと捉えているという点である。すなわちルソーは，自然の要求に反する形で社会的な教育がなされたとき，教育は人間を悪くするし，堕落させるというのである。ルソーの基本的な見解がここにある。

　ルソーのもう一つの考え方に，「早期教育の否定」がある。ルソーは早期教育を「不確実な未来のために現在を犠牲にする残酷な教育」(p. 130)と定義している。教育者たる者は子どもの現在の幸せを第一に考えるべきだというのである。

　『エミール』は，筆者であるルソーが，エミールという少年を育てていくという形式で書いた教育書である。エミールの成長，発達段階のそれぞれの時期において，何をどう教育するべきかについての考察は，今日の教育にも当てはまるほどの示唆に富んだものになっている。

　ルソーは，「人は子どもというものを知らない」「このうえなく賢明な人々でさえ，大人が知らなければならないことに熱中して，子どもにはなにが学べるかを考えない」「彼らは子どものうちに大人をもとめ，大人になるまえに子どもがどういうものであるかを考えない」ことを挙げ，教育者に対して，「あなたがたの生徒をもっとよく研究することだ」と述べている (pp. 22-23)。すなわちルソーは，大人（教師）が子ども（児童生徒）のことをよく知らないことを理由に，もっと子どものことを研究するべきだと指摘しているのである。

　このことは，教育者（学校教師）による体罰が子ども（児童生徒）のことをよく知らないために発生していることに置き換えられる。体罰問題に対処することは，教育者（学校教師）による体罰が，子ども（児童生徒）に与える影響がいかなるものであるのかを，子ども（児童生徒）の視点で考慮することから始められなければならないのである。

　ルソーは，一般的に，人間が「すべてをひっくりかえし，すべてのものの形を変える」「みにくいもの，怪物を好む」「なにひとつ自然がつくったままにし

ておかない」ことを指摘し，人間も「乗馬のように調教しなければならない」「庭木みたいに，好きなようにねじまげなければならない」と信じられていることを批判して，積極的かつ能動的な教育を否定している（p. 27）。

　ルソーのこのような指摘は，体罰が，子どもたちを教師にとって都合のいいように服従させ，自分の好みに合うような人間へと子どもたちを自分の支配下に置こうとする延長線上において発生することを物語っている。教師は，児童生徒の発達段階や個性を理解し尊重した上で，よきアドバイザーとして存在しなければならない。そのような教育が自然に行われるのであれば，決して体罰に至るようなことはないであろう。

　ルソーのいう「人間は教育によってつくられる」「大人になって必要となるものは，すべて教育によってあたえられる」（pp. 28-29）とは，教師がどんな時・場においてどんな教育をするのかが，子どもの成長に大きく影響することを意味している。体罰によらない賢明な教育（児童生徒にとって相応しい教育――児童生徒の成長に必要な教育）こそが真の教育といえる。体罰は子どもの成長を著しく阻害する行為であることはいうまでもない。

　ルソーは，よい教師の資格を「金で買えない人間」として捉え，教師を「金のためにということではできない職業」「金のためにやるのではそれにふさわしい人間でなくなるような高尚な職業」と定義している。教師たる者はそれほどまでに「崇高な人」，「人間以上の者」であるということになる。ルソーは，そのためにも「教師は生徒にふさわしく教育されていなければならない」と述べ，「よい教育をうけなかった者によって，どうして子どもがよく教育されることがあろう」と断言している（pp. 58-59）。

　このことは，今日においても求められるべき教師の資質であり，教師たるに相応しい要件といえる。体罰教師は教師として相応しくない非教育者であるといわざるをえない。体罰は，ルソーのいう「教師は生徒にふさわしく教育されていなければならない」ことに反する行為なのである。

　ルソーは，やっかいな泣き虫の子どもが，乳母にぶたれるのを見たことがあり，そのことを決して忘れることはない，という。ルソーは，その時，「子どもはピタっと泣きやんだ」と述べ，その理由を「この子はおびえたのだ」とい

うことに求めている。ルソーはこの子を称して,「こいつはいずれ卑屈な人間になるやつだ」「手きびしくやっつけられなければ,いうことをきかないやつなんだ」と述べている (pp. 99-100)。

また,ルソーは乳母にぶたれたこの子の様子を次のように表現している (p. 100)。

> かわいそうにその子は,怒りに喉をつまらせていたのだ。息もできないくらいになっていたのだ。見ていると,顔は紫色に変わった。一瞬間ののち,はげしい叫び声をあげた。その年ごろの子どもが感じることのできる恨み,怒り,絶望のあらゆるしるしが,その声にふくまれていた。そうして泣き叫んでいるうちに死んでしまうのではないかとわたしは心配になった。

さらに,ルソーは次のようにいう (p. 100)。

> 正,不正の感情が人間の心にはじめから存在することにわたしが疑問をもっていたとしても,この子の例だけで,その疑問はぬぐいさられたにちがいない。この子の手のうえに,偶然,まっ赤に燃えた炭火が落ちてきたとしても,それほどひどくぶったわけではないが,明らかに害をくわえようとする意図をもってあたえられたあの平手打ちほど耐えがたいものではなかったにちがいない,とわたしは確信している。

このことは,学校教師によってぶたれる児童生徒の恨み,怒り,絶望の思いとなんら変わらない。ここに体罰が否定されなければならない理由がある。教師が児童生徒の身体に物理的な力を行使する行為には,体罰肯定論者が拠り所とする「愛のムチ論」にいう「愛」の入る余地など微塵もない。ルソーがいうように,「明らかに害をくわえようとする意図をもってあたえられたあの平手打ちほど耐えがたいもの」はないからである。耐え難い平手打ちを受けた児童生徒は,教師の体罰行為および教師個人に対して,決して「愛」を感じることはないだろう。「愛のムチ論」の「愛」は,体罰教師の合理的とはいえない弁

明の具にすぎない。ここにいう「耐え難い平手打ち」は，英米型の体罰禁止の判断基準にいう，「適度な（moderate），考えられた（reasonable）程度を超える体罰」に該当するものであることは明白である。大阪市立桜宮高等学校男子生徒の体罰死事件［2012（平成24）年12月23日］が，そのことをよく物語っている。

この節の冒頭でも触れたが，ルソーは，自然と社会の関係を対立的なものと捉え，自然の要求に反する形で社会的な教育が為された時，教育は人間を悪くし，堕落させるとして，「消極教育」「早期教育の否定」を教育論の根本理念としたのである[1]。

7.1.2 教育の格率

ルソーは，「子どもはよけいな力をもっているどころではない。自然がもとめることをみたすのに十分な力さえもたないのだ。」と述べ，だからこそ，「自然によってあたえられたすべての力，子どもが濫用することのできない力を，十分にもちいさせなければならない（第1の格率）」と述べている（p. 106）。ここに教育の果たすべき方向性が明示されている。

このことが，ルソーのいう，自然の要求に沿う「消極教育」，すなわち自然の要求に反する積極教育の否定であり，「早期教育の否定」ということになる[2]。

しかし，ルソーは，このことを理由に，「子どもを甘やかせ」といっているわけでは決してない。桑原武夫のいう「「自然の歩み」を先どりしてもならないが，これにおくれてしまうのもいけない。（ルソーは）年齢，発育の程度に応じた扱い方をせよ，というのである[3]。」との指摘が妥当であるように思われる。

体罰は，自然の要求に反する積極的な教育であり，「自然の要求に反する形で社会的な教育が為された時，教育は人間を悪くし，堕落させる」とするルソーの教育論を裏付ける行為である。執筆者（竹田）の経験知からも，このことは妥当性の高いこととして受け止められる。

そもそも学校教育法第11条にいう懲戒権は，ルソーのいう「自然の要求」に見合うだけの懲戒のみを認めているものであって，「自然の要求」に反する行為は，学校教育法第11条但書によって禁止されていると解するのが妥当である

ように思われる。このことは，教師の立ち位置として，教育の倫理的態度を形成する重要な要素の一つとして捉えられる。

　また，ルソーのいう「肉体的な必要に属するあらゆることで，子どもを助け，知性においても力においても子どもに欠けているものをおぎなってやらなければならない（第2の格率）」(p. 106) からも，体罰は否定されなければならない。体罰は児童生徒に肉体的苦痛を与える行為であり，決して児童生徒を肉体的にも精神的にも助けるものに値しない行為だといえる。

　体罰が児童生徒に欠けているものを補う手段であるとする体罰肯定論者は，体罰が，ルソーのいう「子どもを助けてやるばあいには，じっさいに必要なことだけにかぎって，気まぐれや，理由のない欲望にたいしてはなにもあたえないようにすること（第3の格率）」(p. 106) に反する行為であることに耳を傾ける必要がある。体罰は，教師の児童生徒に対する気まぐれ，理由のない欲望に駆られた悪しき行為であり，教師の期待や指導にそぐわない児童生徒に対して何も与えないようにすること（消極教育）とは大きく異なる行為といえる。

　ルソーのいう「子どものことばと身ぶりを注意ぶかく研究して，いつわることのできない年齢にある子どものうちに，直接に自然から生ずるものと臆見から生じるものとを見わけなければならない（第4の格率）」(pp. 106-107) は，体罰時の状況に影響を与える要素である。児童生徒の言葉や身振りが，教師の目に，自然から生ずるものと臆見から生じるものとのいずれであったとしても，そのことを理由に体罰を行使することはできない。学校教育法第11条但書は，いかなる理由があったとしても，肉体的苦痛を与えるような懲戒を体罰として禁止しているのである。

7.1.3 「自然の要求」に反する行為

　ルソーのいう「規則の精神は，子どもにほんとうの自由をあたえ，支配力をあたえず，できるだけものごとを自分でさせ，他人になにかもとめないようにさせることにある。」(p. 107) ことや，したがって，「子どもの体や手足を完全に自由にしてやらなければならないということ」(p. 107) は，幼児期のみならず，児童期，青年期においても大切にされなければならないことである。その

第7章 「体罰概念の混乱」の克服 Ⅱ

ような教育を行うことができない教師が，ルソーのいう「自然の要求」に反する行為として，体罰を実行することになる。

　我が国において見られる体罰は，英米型のそれとは大きく異なっている。英米型の体罰は，体罰禁止の判断基準が「適度な (moderate), 考えられた (reasonable) 体罰」[4]に置かれていることから，「適度な (moderate), 考えられた (reasonable) 程度」の範囲内において行われる体罰は，正当な懲戒行為として許容されると解することができる。その根拠は，英米型の体罰許容の伝統的な考え方に「in loco parentis」[5]（親がわり― in the place of a parent ―の意味）の懲戒権が位置付けられていることにある。これに対して，日本の体罰は，体罰禁止の判断基準が「身体に対する侵害を内容とする懲戒―殴る・蹴るの類」や「肉体的苦痛を与えるような懲戒―長時間にわたる端坐・直立等の場合」[6]に置かれており，物理的な力を伴う体罰はほぼ全面的に禁止されていると解される。

　にもかかわらず，我が国においてはあたかも体罰が許容されているかの如くの実態があるのは，なぜなのか。我が国の体罰事情は，学校教育法第11条但書で禁止されているにもかかわらず，殴打による暴力が日常茶飯事となっているといわざるを得ない。

　ルソーは，「自然は子どもが大人になるまえに子どもであることを望んでいる。この順序をひっくりかえそうとすると，成熟してもいない，味わいもない，そしてすぐに腐ってしまう速成の果実を結ばせることになる。」「子どもには特有のものの見方，考え方，感じ方がある。そのかわりにわたしたちの流儀を押しつけることくらい無分別なことはない。」と述べている (p. 162)。

　体罰は，大人（教師）が教育の名のもとに，それぞれの流儀を押し付けて行う暴力であり，大人（教師）が子ども（児童生徒）を支配下に置こうとして行う暴力でもある。体罰に，子ども（児童生徒）という果実に成熟，味わいをもたらすような影響力はない。

　本書の第2章の2.2（学説）においても述べたところであるが，体罰を法概念として把握し，その法的意義と構成要件を明確にする教育法的意味を追求したものとして，学説としての今橋の理論[7]を挙げることができる。そこに見られ

る体罰概念は,「①学校教育法関係の下で,②教員が,直接または間接に,生徒らに対して行う,③教育目的をもった,④懲戒行為のうち,⑤生徒らの肉体に苦痛を与える行為」とするものであった。

ここで問題になるのが,上記の体罰概念の③「教育目的」をどう理解すればよいのかである。ルソーの次の考えが参考になる(pp. 163-164,( )内は竹田による)。

> あなたがた(教師)は,子ども(児童生徒)にわかりもしない義務を押しつけることによって,あなたがた(教師)の圧制にたいして不愉快な思いをさせ,あなたがた(教師)を愛さなくなるようにしているのだ。褒美をせしめるために,あるいは罰をまぬがれるために,ごまかしたり,うそをついたりすることを(児童生徒に)教えることになるのだ。

体罰は教師の一方的な考え方を押し通すための非教育的行為である。児童生徒にとって,理解できない,受け入れ難い義務を教師によって押し付けられることほど不愉快なことはない。その結果,児童生徒はそのような教師を愛したり,尊敬したりすることができなくなるだけでなく,教師と児童生徒の人間関係や信頼関係が失われることになる。児童生徒は,このような教師に対して,二度と同じような被害を受けないようにするための防衛手段として,体罰を免れるためにごまかしや虚偽の行為を繕うようになる。ここにはもはや,教育の名に値するものは何も見い出せない。

教員の懲戒権行使が教育目的性をもっていることは,学校教育法第11条で一般的に認められているところであるが,今橋のいう「正当な教育目的性,教育的・法的に妥当な懲戒行為という制約がかかっている」[8]ことも理解していなければならない。このことは,体罰論においても重要なことである。今橋は,それについて,「教育目的性が客観的に認められない肉体的苦痛を与える行為は,法概念としての体罰には含みえず,それは,直接,暴行・傷害行為として論ぜられるべきである」とし,「教育目的性があったという主張は,その行為の体罰該当性を否定する根拠に全くならない」[9]と述べている。

重要なのは，学校教育法第11条但書が，たとえ教師の懲戒行為に教育目的を認めることができるとしても，肉体的苦痛を与えるような行為は，体罰として禁止されているということである。

7.1.4　教師の教育的力量と人格の完成度

　ではなぜ，体罰が，学校教育法第11条但書によって明確に禁止されているにもかかわらず，依然として横行しているのか。それには，体罰問題が教師による児童生徒の把握の不十分さや教師の指導力（教育的力量）の不足などによって，親や児童生徒との人間関係および信頼関係が希薄であることの結果として生じていることが挙げられる。それゆえに，懲戒が容易に体罰に転化する可能性を秘めているのである。

　体罰を抑止するものは，今橋が指摘するように，「生徒の一般人権・懲戒権・体罰禁止についての法知識・法意識と教師の教育的力量」[10]の問題が大きい。執筆者（竹田）は教師の法知識・法意識と同様に，教師の教育的力量を高めることを重視している。教師力は，確かな教育理念に基づく教育実践の積み上げによって高められる。執筆者（竹田）はこのことを古典的な教育論に求めた。

　ルソーは，次のように述べている（p.167）。

> どんな罰もくわえてはならない，生徒は過ちをおかすとはどういうことか知らないのだから。決してあやまらせようとしてはならない，生徒はあなたがたを侮辱するようなことはできないのだから。その行動にはいかなる道徳性もないのだから，生徒は罰をうけたり，しかられたりするような，道徳的に悪いことはなに一つすることができない。

　このことを体罰論に置き換えてみると，「生徒は過ちを犯すことがどういうことなのかを知らないで行動するのだから，体罰を加えてはならない。生徒は教師を侮辱するようなことができないのだから，体罰を加えて謝らせるようなことをしてはならない。生徒の行動にはいかなる道徳性もないのだから（生徒は道徳的に悪いことを何一つすることができないのだから），体罰を加えたり，

叱ったりしてはならない。」ということになろうか。

　学校教育法第11条但書は，たとえ生徒が意図的に過ちを犯したとしても，生徒が教師を侮辱するようなことがあったとしても，生徒が道徳的に悪いことをしたとしても，体罰を加えることを禁止しているのである。まして，意図的な悪意をもって行ったことではない過ちや侮辱，道徳的悪については，どんな罰も加えてはならないということは当然のことである。

　体罰行為の根底にあるものとして，教師の教育的力量や人格の完成度の問題を指摘することができる。このことについて，ルソーは次のように述べている（p. 170）。

　　あなたがたの怠慢を子どものせいにして罰してはいけない。しかってはいけない。子どもに叱責のことばを一言も聞かせないようにすることだ。あなたがたにいやな思いをさせたということさえ子どもに気づかせてはいけない。

　では，教師の教育的力量や人格の完成度のレベルを上げるにはどうすればよいのか。それには教師の自己研鑽，研修が欠かせない。ルソーの古典的な教育論に学ぶこともその一つの方法である。先に述べたエラスムスの教育論や後に述べるカントの教育学に学ぶことも同様である。

　学校教育法第11条但書は，体罰に頼らない教師を期待している。教師には，真に教育者として相応しい専門性の高さや人格形成が求められているのである。その力量アップに向けて努力することが教師の義務であり，人間としての義務でもある。

　『エミール』で求められている教師像は，自然の要求に沿う「消極教育」を実行する教師である。体罰は自然の要求に反する「積極教育」といわざるを得ない。

7.1.5　相応しい罰の代償

　ルソーは，「子どもには決して罰を罰としてくわえてはならない」と述べ，

相応しい罰の代償として「いつもかれらの悪い行動の自然の結果としてあたえられなければならないこと」を挙げている (p. 193)。ルソーは，その具体的な事例として，「子どもが自分のつかっている家具をぶちこわす。すぐに代わりのものをあたえてはいけない。それがなくなったために生じる損害を子どもに感じさせるがいい。子どもが部屋の窓をぶちこわす。昼間でも夜でも風の吹きこむままにしておくがいい」ことを挙げ，その上で，「子どもがもたらした困った状態について決してぶつぶつ言ってはいけない。むしろだれよりも子ども自身がその困った状態を感じるようにするがいい。」と述べている (p. 190)。

このことは，子どもがつく嘘についてもあてはまる。ルソーは，「うそにたいしてもやかましいことをならべたててはいけない。うそをついたからといって，そのために子どもを罰してはいけない」ことを述べている。子どもがつく嘘に対して，お説教したり，罰を与えたりするのではなく，「うそから生まれるあらゆるよくない結果を，たとえばほんとうのことを言っても信じてもらえないこと，悪いことをしないのにいくら弁解しても非難されること」を，子どもの頭上にふりかからせることを勧めている (p. 193)。

体罰は，児童生徒に対して，罰（教師の指導—学校教育法第11条本文にいう懲戒—に従わなかったことへの仕打ち）を罰として加える行為（学校教育法第11条本文にいう懲戒権を逸脱した行為）である。ルソーのいうように，罰を罰として加えるのではなく，子どもの悪い行動に対する自然の結果としての罰（これを「自然罰」と呼ぶことにする）が生じるようにすることが子どもに対する相応しい罰であるように思われる。教師が「自然罰」をもって罰することを生徒指導の基本とするならば，今日にいう体罰問題が生じることはない。

教師は，児童生徒に，教科指導，生徒指導，道徳指導等において，自らの考えを一方的に教え込むことで教育を行っている気になっている。教え込むもくろみは，教師が教えたとおりのことを児童生徒に実行させようとすることに置かれている。それゆえ，教えたとおりのことを実行しない場面・状況において，児童生徒が厳しい指導を受けることになる。教えられたとおりのことができる児童生徒は，教師の手の平に乗る「よい子」ということになる。体罰は，教師の手の平に乗ろうとしない「悪い子」を打ちのめすための手段になっていると

いえる。

7.1.6 相応しくない罰の影響

ルソーは，このような教師の相応しくない指導（監督，教訓）が子どもに悪影響を及ぼすことを主張している。ルソーの次の一節がそのことをよく物語っている（p. 196）。

> 子どものうそはすべて教師のしわざということになる。そして，子どもに真実を告げることを教えようとするのは，うそをつくようにと教えることにほかならない。一生懸命になって子どもを監督し，指導し，教えようとしながら，人々はそれに成功する十分な手段を決してみいだすことができない。人々は子どもの精神のうえに新たな影響力をもとうとして，根拠のない格率や理由のない教訓をもちだすが，かれらは子どもが教訓をよくわきまえていて，うそをつくほうが，無知のままでいて，うそをつかないより好ましいと思っているのだ。

これらの弊害をなくす方法として，ルソーは大人（教師）が子どもに急いで教育をしないことを主張した。このことがルソーの教育理念ともいえる「消極教育」「早期教育の否定」であることはすでに述べてきたところである。

ルソーは「教師たちよ，見せかけはやめることだ。有徳で善良な人間であれ。あなたがたの模範が生徒たちの記憶のうちにきざみこまれ，やがてはかれらの心情にまで沁み透るようにするがいい。」と述べている。ただし，ルソーは，「わたしは生徒にいそいで慈善行為をさせるようなことはせず，かれの見ているところで自分でそれをすることにしたい」ことや，「人間の義務をたんに子どもの義務と考えさせないようにする必要がある」ことも述べている。ルソーはその理由に，「かれの年齢にはまだふさわしくない名誉ある行為」であることを挙げ，「そういうことでわたしのまねをする手段さえかれにもたせないようにしたい」ことを主張した（p. 201）。

このことを体罰論に当てはめてみると，「教師たちよ，体罰（見せかけ）は

やめることだ。有徳で善良な人間であれ。あなたがたの体罰によらない心の教育（模範）が生徒たちの記憶のうちにきざみこまれ，やがてはかれらの心情にまで沁み透るようにするがいい」となろうか。その際，「生徒にいそいで他人のためになる行為（慈善行為）をさせるようなことはせず，かれの見ているところで自分で生徒に望みたい行為をすること」にし，「人間の義務をたんに子どもの義務と考えさせないようにする」ことによって，「かれの年齢にふさわしい行為を（かれの年齢にはまだふさわしくない名誉ある行為として）それとなく期待するようにしたい（そういうことでわたしのまねをする手段さえかれにもたせないようにしたい）」とするのがルソーのいう自然に沿う教育といえようか。

　ルソーは『エミール』の中で，「模倣による美徳はすべて猿の美徳である」と述べ，「どんなよい行為もよいこととして行なったかぎりにおいてのみ道徳的によい行為である」と主張している。しかし，ルソーは，「心情がまだなにも感じていない時代にあっては，どうしても子どもにその習慣をもたせようとする行為をまねさせ，やがては分別と善にたいする愛とをもってそれを行なうことができるようにさせなければならない」と述べている。ここにいう「心情がまだなにも感じていない時代」とは，いつ頃までの時代をいうのであろうか。ルソーは『エミール』の第三篇のはじめで，「青年期に近づいているのだが，まだ思春期に達していない」時期を12歳ないし13歳まで（ルソーはこの時期を子どもの時代と呼んでいる）と述べていることから，その頃と想定することができる。ルソーは「人間は模倣者である。動物でさえもそうだ。模倣にたいするこの好みは十分に根拠のある自然にもとづいている。」と述べて，12歳ないし13歳までは，むしろ模倣させなければならないことを指摘している（p.202）。

　この模倣が教師の体罰に該当するとなればどんなことになるだろうか。12歳ないし13歳までの幼児児童はルソーのいう「心情がまだなにも感じていない時代」なので，その是非についての分別はさほどのものではないかもしれない。しかし，その頃の被体罰の記憶は鮮明であり，決して「善にたいする愛」をもってこれを模倣することができるものではないはずである。にもかかわらず，子どもは被体罰の習慣をもたせられることによって，大人の暴力（教師の体

罰)を模倣(踏襲)することになる。その模倣は立場が逆転した中で,大人(教師)になって子ども(児童生徒)を養育(教育)するときに発動される。被暴力の体験者が暴力的な存在になってしまうことはよくあることである。まして,12歳ないし13歳を超えた思春期の生徒への体罰は何をかいわんやである。体罰は人格を著しく傷つけ,最悪の場合,死に至らしめることでもある。大阪市立桜宮高等学校男子生徒の体罰死事件は,まさにその典型的な事例であった。

7.1.7　教師としての教育観や倫理観

　ルソーは「わたしたちはだれひとりとして,子どもの状態に自分をおいて考えることができるほどすぐれた哲学者にはなれない」(p. 233)といっている。確かにそのとおりである。「子どもの状態に自分をおいて考えること」は至難の業である。だからといって,どうにもならないこととして受け止めるわけにはいかない。体罰は「子どもの状態に自分をおいて考えること」ができない結果として生じる暴力である。しかし,「子どもの状態に自分をおいて考えること」が至難の業であることを理由に,優れた哲学者(教育者,教師)になることを怠ってはならない。「子どもの状態に自分をおいて考えること」については,教師の教師としての教育観や倫理観を抜きにして語ることはできない。教師たる者は,「教育とは」「教師とは」「子どもとは」を追求する教師道としての歩みを大切にしなければならないからである。その学びはルソーの教育論『エミール』に求められる。

　ルソーは『エミール』の中で,寓話を紹介することによって,道徳的な考察を試みている。

　ルソーは,寓話「烏と狐」が,「自分の口からチーズを落とさないようにと教えないで,むしろ他人の口からチーズを落とさせることを子どもに教えることになる」と述べた。ルソーはその根拠に,「子どもが寓話を学んでいるのを注意して見ているがいい」として,「それを実生活にあてはめて考えることができるばあい,子どもはほとんどいつも作者の意向とは逆の考えかたをすること」を挙げ,「作者が改めさせようとしている,あるいは,もたせないようにしようとしている欠点について反省することはしないで,子どもは,他人の欠

点から自分の利益をひきだすというようなよからぬことを心がけるようになることがわかるだろう」と述べている。ルソーはその上で，「右に引用した寓話では，子どもは，烏を笑うが，みんな狐が好きになる」ことを指摘した（p. 234）。

また，寓話「蝉と蟻」からは「子どもは好んで蟻を見ならうことになる」とした。その根拠は，「人は他人に頭を下げることを好まない。子どもはいつも輝かしい役割を演じようとする。それは自尊心からくる選択で，ごく自然な選択だ。」によく表れている。ルソーは，このことを「子どもにたいしてなんという恐ろしい教訓だろう」と述べている。恐ろしい教訓とは，「けちんぼで情けしらずの子ども，他人が自分になにをもとめているかを知りながらそれを拒絶するような子ども」を育ててしまうことを指している。ルソーはこの寓話が，「蟻は（蝉の依頼を）拒絶したうえに相手をあざわらうことを子どもに教えている」と指摘している（pp. 234-235）。

ルソーは，ここに引用した前者の寓話にふくまれる道徳を子どもに「このうえなく卑しいへつらい」を教えること，後者の寓話の道徳を「情けしらずになること」を教えることとして捉えている。ルソーはその上で，ラ・フォンテーヌの寓話集を指して，「たがいに矛盾する教訓をあたえていたのでは，あなたがたのせっかくの配慮もどんな成果を期待することができよう」とし，「だまされたやつを見て自分の欠点を改めずに，だましたやつにみならって自分もそういう人間になるおそれがないことを，あなたが証明してくれるまで，わたしはあなたの寓話を一つも学ばせないことにする」と述べている（pp. 234-237）。

このことは，児童生徒が教師の考えているような道徳の受け止め方をしない（できない）ことを意味している。教師はこのことをよく理解した上で教育に当たらなければならない。子どもは子どもらしく現在の道徳性の発達段階に見合った受け止め方をするものである。そうであるなら，教育は児童生徒の目線に立って行われなければならない。高い価値を教え込んだとしても，それが児童生徒にとって消化できないものであったり，受け入れ難いものであったりすると何の意味もなさないことになる。

上述のルソーの道徳的な考察は，今日の道徳教育を考えることにおいても参

考になる。児童生徒を，豊かな心を身につけた人間に育てるためには，単なるお説教や戒め，寓話，格言等によって道徳的価値を注入するだけですまされるものではない。まして，体罰のような肉体的苦痛を伴う非教育的行為は，人間力を育成することにおいて何の価値ももたないことは明白である。教育は，子どもたちの発達段階や生活の実態を考慮しながら，その時々に相応しい対応によって進められるものでなければならない。ルソーが「消極教育」「早期教育の否定」を教育論の根本理念とした理由がここにも見い出される。

7.1.8 教師が絶えず指図することとその影響

ルソーは，教師が生徒を絶えず指図して，生徒が自ら考え，判断し，行動することをさせないようにすると，「体を柔弱に」し，「理性をこのうえなく無益にみえることにもちいさせる」ことになると述べている。ルソーは，このことが生徒に「理性というものに対する信頼をすべて失わせてしまうこと」になり，理性が「なんにも役にたたないもの」と考えさせるようになることを主張した(pp. 241-245)。

ルソーは，教師が絶えず指図することとその影響について，次のような具体例を挙げている。

> 子どものころに考える習慣をつけておかないと，その後一生のあいだ考える能力をうばわれることになる (p. 241)。

> たえずさしずをして，たえず，行きなさい，来なさい，じっとしていなさい，これをしなさい，あれをしてはいけません，などと言っていたのでは，子どもを愚図にすることになる。いつもあなたの頭がかれの腕を動かしていたのでは，かれの頭は必要でなくなる (p. 242)。

> 「たえずなにか教えようとする権威に全面的に従っているあなたの生徒は，なにか言われなければなにもしない。腹がへっても食べることができず，愉快になっても笑うことができず，悲しくなっても涙を流すこともできな

いし，一方の手のかわりに他方の手をさしだすこともできず，いいつけられたとおりにしか足を動かすことができない。そのうちには，あなたの規則どおりにしか呼吸することができなくなるだろう。」「かれにかわって万事に気をくばっているあなたは，かれになにを考えよというのか。さきのことはあなたが考えてくれると安心しているかれは，さきのことを考える必要はないではないか。」「かれの判断力はあなたの判断力に寄りかかっている。あなたが禁止しないことはなんでも，かれはなんの考えもなしにする。しても危険がないものとよくこころえているからだ。」「雨が降りはしないかと用心することを学ぶ必要がどこにあるか。自分のかわりにあなたが空を見ていてくれることをかれは知っているのだ。」「食べることをあなたがやめさせないかぎり，かれは食べる。あなたがやめろといえば，もう食べない。かれは自分の胃袋の意見をきかないで，あなたの意見をきくようになる。」(pp. 243-244)

　このことを体罰論に当てはめてみると次のようになる。
　体罰によって教師に服従することを強いられる生徒は，「考える能力」を奪われることになり，「愚図」になってしまうであろう。その結果，生徒は「なにか言われなければなにもしない」「愉快になっても笑うことができず，悲しくなっても涙を流すこともできない」「いいつけられたとおりにしか足を動かすことができない」ような主体性のない，感情を表に出せない，暗くて委縮した人間になってしまうであろう。そうなれば，生徒の心は，「理性というものにたいする信頼」をすべて失うことになるであろうし，「理性がなんの役にたつか」わからなくなり，「やがてそれをなんにも役にたたないもの」と考えるようになるであろう。大阪市立桜宮高等学校の男子生徒の体罰死事件はそのような状況の中で起こるべくして起こった事件といえる。
　ルソーは「若き教育者よ，わたしは一つのむずかしい技術をあなたに教えよう。それは訓戒をあたえずに指導すること，そして，なに一つしないですべてをなしとげることだ。」(p. 248) といっている。
　教師は何かと児童生徒に訓戒を与えたがるものである。それどころか，児童

生徒が教師の指導に従わなかったことを理由に，教師が児童生徒に対して行う強硬な手段，すなわち体罰という名の暴力に至ることになる。教師は，児童生徒が教師の指導に素直に従わないような悪態を，教育上看過できない行為として，非教育的見地から物理的な力（体罰）を加え，これを「愛のムチ」として正当化するなどの体罰肯定論を主張する。被罰者（体罰を被った児童生徒）は，教師の指導に素直に従わなかったとはいえ，物理的な力（体罰）によって児童生徒を教師の支配下に置こうとする行為が，暴力行為であり，肉体的苦痛を伴う非教育的・非人道的行為だとして，体罰否定論が主張されることになる。

　このように，教育論においても，体罰論は肯定論と否定論に分かれる。この体罰論を法理論としてみる場合も，体罰が行使された時の教師，児童生徒の客観的な状況や動機，心的な受け止め，肉体的苦痛および傷害の程度によって，裁判所の判断が分かれること（体罰か，一般の刑罰としての暴行・傷害・殺人か，無罪か）から，法理論においても，体罰論は肯定論と否定論に分かれる。

　このように，体罰論は教育論，法理論のいずれにおいても肯定論と否定論に二分される。その要因は体罰概念が，教育論と法理論が入り混じる中，明確になっていないことにある。ここに，執筆者（竹田）が教育倫理学的アプローチによって体罰概念の明確化を追求しようとした意図がある。

　ルソーが指摘するように，教師たる者が「訓戒を与えずに児童生徒を指導すること，教師が何一つすることなくすべてを成し遂げること」は，教育の理想といえるかもしれない。この論理からは，体罰論に関する肯定論や否定論は不要となる。何故なら，教育倫理学的アプローチによる体罰論は，教師としての資質・能力を追究することに重点が置かれることによって，体罰という名の暴力が否定されことになるからである。ここに体罰概念（体罰肯定論と体罰否定論の根拠となる概念）の不安定性が克服されることになる。

　また，ルソーは「子どもは一般に，先生が子どもの心を読みとるよりもはるかによく先生の考えを読みとるものだ」（p. 247）といっている。教師の体罰を児童生徒はどのように読み取るのだろうか。教師の指導に素直に従わない児童生徒への嫌悪の感情がその延長線として行使される体罰に対して，児童生徒の読み取りは，教師への嫌悪感でいっぱいであろうことが推測される。この読み

取りは，一時的なものではなく，よほどのことがない限り，半永久的に続くことになるであろう。このことからも体罰は否定されなければならない。

ルソーは「子どもの体と精神の欠陥はすべて同じ原因から生じる」（p. 267）といっている。体罰は子どもの体を傷つけ，精神を不安定にさせる。大阪市立桜宮高等学校男子生徒の体罰死事件は，生徒の体を傷つけた上に，精神をもズタズタにして，自殺にまで追いやった最悪の事例である。

ルソーは規則と自然の法則について，「規則には従わなければならない。しかし，なによりも重要な規則は，必要が生じたときには危険をともなうことなしにあらゆる規則を破ることができるということだ」「束縛しないで自然の法則にまかせるがいい」と述べている（pp. 274-275）。

学校には生徒指導上の規則がこと細かく定められている。規則に従わなければならないことはいうまでもないが，だからといって規則に従わなかったことへの罰として体罰を容認することはできない。生徒は，そのような理不尽な体罰に従う義務はない。拒否権を発動すればよい。それがルソーのいう「自然の法則」にかなう方法ではないだろうか。

7.1.9 子どもの時期に相応しい教育

ルソーは「人生のそれぞれの時期，それぞれの状態にはそれ相応の完成というものがあり，それに固有の成熟というものがある。わたしたちはしばしばできあがった人間ということについて語られるのを聞く。」（p. 351）と述べている。ここにルソーの子ども観がよく表れている。ルソーのこの論は，「子どもの時期には，それに相応しい教育が施されるべきであり，それ以上でもそれ以下でもあってはならない。」ということになろうか。体罰は，子どもの時期に相応しくないそれ以上の教育を施そうとするところに生じる暴力である。

では，ルソーにとっての「子どもらしさ」とはどういうことなのだろうか。ルソーの次の論にその考えがよく表れている。

> 10歳ないし12歳の子ども，健康でたくましい，その年齢においては十分に完成している子どもの姿を心に描いてみるとき，現在を考えても未来を考

えても喜ばしく感じられない観念は一つも思い浮かべられない。湧きたつようにいきいきとして，活気があり，心をむしばむ心配もなく，長い先の苦しい見透しもなく，現在の状態にすっかり身をまかせ，かれの外へひろがっていこうとしているように見えるあふれるばかりの生命を楽しんでいる，そういう子どもの姿をわたしは見る（p. 353）。

子どもとしてのかれをながめるとき，かれはわたしを喜ばせる。大人になったかれを想像するとき，かれはいっそうわたしを喜ばせる。かれの熱い血がわたしの血を温めてくれるような気がする。かれの生命によってわたしは生きているのかと思う。その活発な様子はわたしを若がえらせてくれる（p. 354）。

かれはかれがするいっさいのことに人をほほえませる熱心さを示し，人を喜ばせる自由を発揮し，同時にかれの才能と知識の程度を示して見せる。一人のかわいい子が，いきいきとした快活な目，満足した朗らかな様子，開放的な晴れやかな顔で，戯れながらこのうえなくまじめなことをしたり，このうえなくくだらない遊びごとに熱中していたりするのを見る，それはこの年ごろにふさわしい光景，魅力ある快い光景ではあるまいか（p. 361）。

ルソーは，子どもを，健康で逞しく，湧き立つようにいきいきとして，活気があり，溢れるばかりの生命を楽しんでいる存在，大人を喜ばせ，若返らせる存在，人を微笑ませる熱心さ，年ごろに相応しい光景，魅力ある快い光景を示す存在だというのである。このルソーの子ども観は今日にも当てはまることといえるだろうか。ルソーの子ども観にみられるキーワード，「逞しさ」「湧き立つようないきいき感」「活気」「溢れるばかりの生命」「喜び」「微笑」が，今日の子どもたちを象徴するイメージとはとても思えない。そんな子どもらしくない子どもに誰がしたのか。親なのか，学校教師なのか，社会なのか，国家なのか。誰もが少なからぬ影響を与えていることは間違いない。とりわけ学校教師は，子どもらしからぬ子どもたちを子どもらしい子どもたちにするために，重

荷を負わされている。体罰はこの延長線上で発生しているといっても過言ではない。

7.2　教師を追い詰める加担者の立ち位置として捉えられる「教育の倫理的態度」

　ルソーは，「人間がその生来の形を保存することを望むなら，人間がこの世に生まれたときからそれを保護してやらなければならない。生まれたらすぐにかれをしっかりつかんで，大人にならないうちは決して手放さないことだ。」と述べている。

　このことは，ルソーのいう「ほんとうの乳母は母親」であり，「ほんとうの教師は父親」であることを意味しており，「父と母とはその仕事の順序においても，教育方針においても完全に一致していなければならない。母親の手から子どもは父親の手に移らなければならない。」と主張するルソーの考えとともに，家庭教育のありようを示すものとして，今日においても十分に通用する教育観といえる。ルソーのいう「世界でいちばん有能な先生によってよりも，分別のある平凡な父親の手によってこそ，子どもはりっぱに教育される」ということは，子どもの教育に思慮ある父親の存在が重要であることを意味しており，今日的教育課題に応え得る名言である（p. 56）。

　このような子育てが，子どもが生まれたときから大事にされているならば，子どもは人としての心と所作を心得て活動することが保障されることとなり，学校教育において教師が児童生徒に体罰によって戒めるような違法行為を発動することにはならないであろう。

　ルソーは，「子どもの最初の泣き声は願いである。気をつけていないと，それはやがて命令になる。はじめは助けてもらっているが，しまいには自分に仕えさせることになる。」ことを挙げ，その後，子どもに「権力と支配の観念が生まれてくる」と述べている。このことについて，親や教師が教訓としなければならないことは，ルソーが指摘する，「この観念は，子どもの必要からよりも，わたしたちのしてやることから生じてくる」ということを認識しておくこ

とである。ルソーはその上で,「この最初の時期から,身ぶりをさせ叫び声をあげさせるかくれた意図を見ぬく必要がある」と述べている (p. 101)。

このようにして育った子どもがやがて小学生,中学生,高校生となる。生徒と先生の立場が逆転しているかのように思われる児童生徒のわがままで横柄な態度は,このような成育歴に由来しているのかもしれない。幼児期にこのような態度が身についてしまっているようでは,最早,手遅れである。親の幼児期における教育のありようがここでも問われている。

教師は,このような幼児期における成育歴をもった児童生徒を,体罰によって矯正しようとするのである。矯正などできるはずはない。間違った子育てをされ続けてきた児童生徒への体罰は火に油を注ぐことに等しい。教師を体罰に追いやる加担者としての親の立ち位置がここでも問われているのである。

注

1) 桑原武夫(編)『ルソー』(岩波新書〈青版〉473),岩波書店,1962年,pp. 48-51を参照。
2) このルソーの考え方は次の文章からも読み取れる。「人間よ,人間的であれ。それがあなたがたの第一の義務だ。あらゆる階級の人にたいして,あらゆる年齢の人にたいして,人間に無縁でないすべてのものにたいして,人間的であれ。人間愛のないところにあなたがたにとってどんな知恵があるのか。子どもを愛するがいい。子どもの遊びを,楽しみを,その好ましい本能を,好意をもって見まもるのだ。口もとにはたえず微笑がただよい,いつもなごやかな心を失わないあの年ごろを,ときに名残り惜しく思いかえさない者があろうか。どうしてあなたがたは,あの純真な幼い者たちがたちまちに過ぎさる短い時を楽しむことをさまたげ,かれらがむだにつかうはずがない貴重な財産をつかうのをさまたげようとするのか。あなたがたにとってはふたたび帰ってこない時代,子どもたちにとっても二度こない時代,すぐに終わってしまうあの最初の時代を,なぜ,にがく苦しいことでいっぱいにしようとするのか。父親たちよ,死があなたがたの子どもを待ちかまえている時を,あなたがたは知っているのか。自然がかれらにあたえている短い時をうばいさって,あとでくやむようなことをしてはならない。子どもが生きる喜びを感じることができるようになったら,できるだけ人生を楽しませるがいい。いつ神に呼ばれても,人生を味わうこともなく死んでいくことにならない

ようにするがいい。」「あなたがたがやたらに子どもにあたえる悲しみによって，なにか子どもが得をするということをだれが保証しているのか。子どもの力に耐えられる以上の苦しみをなぜあたえるのか。現在の苦しみが将来の助けになるという保証もないのに，なぜそんなことをするのか。さらに，あなたがたがなおしてやるという悪い傾向は，自然から生じるよりもむしろあなたがたのまちがった心づかいから生じているのではないことを，どんなふうに証明してくれるのか。わざわいなる先見の明。それは一人の人間をいつかしあわせにしてやれるというおぼつかない希望にもとづいて，現実にみじめなものにしているのだ。」(ルソー（著），今野一雄（訳）『エミール上』（岩波文庫33-622-1），岩波書店，1962年，pp. 131-133から抜粋)

3) 桑原，前掲『ルソー』，p. 47。
4) 浦野東洋一「体罰問題とイギリス教育法制」東京大学教育学部紀要　第24巻，1984年，p. 92。
5) 市川須美子「教師の体罰に関する比較法的検討」牧柾名・今橋盛勝（編）『教師の懲戒と体罰』エイデル研究所，1982年，p. 170。
6) 根拠：1948年（昭和23年）に出された法務府法務調査意見長官の通達—「児童懲戒権の限界について」。
7) 牧柾名・今橋盛勝（編）『教師の懲戒と体罰』エイデル研究所，1982年，p. 54，p. 56
8) 同上書，p. 56。
9) 同上。
10) 今橋盛勝『教育法と法社会学』三省堂，1983年，p. 99。

第8章 「体罰概念の混乱」の克服 Ⅲ
——古典的な教育論・教育学に学ぶ：カントの教育学から

　カントの教育学からあるべき教育の倫理的態度（「教師の立ち位置」および「教師を追い詰める加担者の立ち位置」）を明確にすることが，本章の目的である。そのことが学校教育法第11条にいう「体罰の禁止」の妥当性を確かなものとし，混乱している体罰概念を克服することにつながることを確信している。その根拠となる文献は『カント全集17　論理学・教育学』（湯淺正彦・井上義彦・加藤泰史訳，岩波書店，2001年，以下，煩雑をさけるため同書からの引用は頁数のみ掲載）である。次にカントの教育学を，教師の立ち位置として捉えられる「教育の倫理的態度」と教師を追い詰める加担者の立ち位置として捉えられる「教育の倫理的態度」の視点で再構成する。

8.1　教師の立ち位置として捉えられる「教育の倫理的態度」

8.1.1　人間は教育によってはじめて人間になる

　カントは「人間とは教育されなければならない唯一の被造物である」という。ここにいう教育とは「養育（養護・保育）」と「訓練（訓育）」および「人間形成をともなった知育」を意味しており，教育の対象は「人間はまず最初は乳児であり，次に—教え子となり—そして生徒となる」ことにある (p. 217)。またカントは，動物と人間を比較して，動物は「養育を必要とはしなくて，せいぜいのところ餌と温もりおよび安全への導きを，すなわち，一種の保護を必要とするにすぎない」(p. 217) のに対して，人間は養育を必要とするとして，その違いを明確にしている。カントによれば，人間が，「訓練または訓育」によって「動物性を人間性に転換してゆく」のに対して，動物は「本能によって直ち

にそのすべてを実現している」ということになる。つまり，カントは，人間は「本能をもっていないので，みずからその行動プランを立てなければならない」が，「すぐにそうすることはできず，まったく未開で未発達のままこの世界にやってくるのだから，他のひとが代わりに行動プランを立ててやらなくてはならない」ことを指摘することによって，養育の必要性を述べているのである (pp. 217-218)。

カントにとって，訓練（訓育）とは，「人間がその動物的衝動によってみずからの本分である人間性から逸脱しないように予防すること」であり，「人間が激情に駆られたり思慮を欠いたりして危険をおかすことがないように人間に制約を課すこと」である。したがって，訓練（訓育）は「消極的なもの」であって，「人間から野性的な粗暴さを取り除く行為にすぎない」ことになる。このことについて，カントは，「知育こそ教育の積極的な部分」であるとして，訓練（訓育）の消極性に対して知育の積極性を述べている（p. 218）。

ここにいう「野性的な粗暴さとは〔人間性の〕規則に拘束されないこと」であり，その行為を取り除くための訓練を，カントは，「〔子どもの頃から〕早期に行わなければならない」と指摘している（p. 218）。カントは，この訓練（訓育）の早期実行の理由に，「もともと人間は自由を求めるきわめて強い性癖を持っているので，わずかでも自由に親しむと，自由のためにすべてを犠牲にしてしまう」こと，「成長したあとになって人間を変えることは困難」であること，「早期に訓練を受けていない場合には，人間はどんな気まぐれで身勝手なことでもやってのけてしまう」ことを挙げている（p. 219）。

では，訓育と知育はどう違うのか。カントにとって訓育とは，「必ずしも学校で何か〔知識〕を学んでほしいと思っている」ことではなく，「静かに着席したり指示されたことをきちんと守る習慣を身に付けるために，〔したがって，〕将来子どもが思い付いたことを何でも実際に，そしてまた直ちに実行に移すことのないように」することである（pp. 218-219）。

このような訓育が〔子ども期の〕早い時期から行われなかったら，どうなるのであろうか。カントは，「子ども期にみずからの意志のままに気ままに生活することが許されて，しかもその時にいかなる抵抗にもあわなかったとすれば，

人間はその全生涯を通じてある種の野性的な粗暴さを持ち続けるであろう。」と述べ、「人間はその〔子ども期の〕早い時期から理性の指示にしたがうことに慣らされなければならない」ことや、「子ども期に母親の過剰な愛情で大事にされすぎることは、同じようにその人間のためにはならない」ことを主張している (p. 219)。

カントは、ルソーが「消極教育」「早期教育の否定」を基本的な教育理念としたのに対して、「積極教育」「早期教育の必要」を主張しているかのように思われる。この点においては、先に論じたエラスムスの教育論との類似性を指摘することができる。だからといって、カントやエラスムスが体罰を肯定しているわけではない。体罰を非教育的行為としてみていることにおいては、エラスムスもルソーもカントも共通しているといえる。

カントはいう、「人間は養護と人間形成を必要とする。人間形成は訓育と知育を含む。」と。すなわち、「人間は教育によってはじめて人間になることができる」というのである。また、カントの「人間は人間によってのみ教育される」「教育を受けた人間によってのみ教育される」という言葉に着目したい (p. 221)。

8.1.2 カントの教育観、人間観

このカントの教育観、人間観は、エラスムスやルソーとも一致している。エラスムスは、「人間は教授に向いた精神を与えられている」[1]「入念にそしてよい時期に教え込むことが行われなければ、人間は無用の被造物になってしまう」[2]「人間は形づくられないと生きてはいけません」[3]と述べ、教師たる者の存在を、「文学的教養や上品さを備えた人間」「学識深く有徳で思慮深い人間」「知的・道徳的に陶冶された人間」に求めた。[4]

ルソーは「人間は教育によってつくられる」「大人になって必要となるものは、すべて教育によって与えられる」ことを挙げ[5]、それゆえに、教師の資格については、「教師は生徒にふさわしく教育されていなければならない」ことや、「よい教育をうけなかった者によって、どうして子どもがよく教育されることがあろう」かということを主張した。[6]

また，カントは，「教化されていない人間は〔文化的に〕粗野で未開なのであり，そして訓育を受けていない人間は野性的で粗暴なのである。」と述べた上で，「訓育をなおざりにすることは，教化をそうすることよりもさらに大きな悪にほかならない」ことを指摘し，「教化に関しては成長したあとからでも補って取り戻すことができるが，しかし野性的な粗暴さは取り除くことができず，しかも訓育における誤りは決して償うことができない」ことを強調している（p. 222）。

　このことを体罰論に当てはめてみる。生徒の中には，教化（知育）も訓育（訓練）も十分でない者，教化（知育）はまずまずだが訓育（訓練）が十分でない者など，「訓育のなおざり」が見られる生徒が少なくない。これらのタイプの生徒は粗暴な行動をとることが多い。ここに，「訓育のなおざり」による生徒の問題行動とそのことに伴う体罰の危険性の問題がある。一方，教師の中にも，生徒と同様に，教化（知育）よりも訓育（訓練）がなおざりにされて大人になったためなのか，生徒の心のわからない教師が増えているように思われる。体罰に至らないための教育を成立させるためには，生徒と教師の双方にみられる「訓育のなおざり」が克服されなければならない。

　カントは，人間は，「善に向かう素質をまず第一に発展させなければならない」ことを挙げ，「自己自身を改善すること，自己自身を教化すること，そしてみずからが〔道徳的に〕悪である場合には自己自身で道徳性を身に付けるようにするということ，これらが人間の行うべき義務」だと述べている（pp. 225-226）。このことは，「訓育のなおざり」を克服する一つの方法として捉えられる。

　カントは，教育において人間は次のことがなされなければならないことを述べている（pp. 231-232）。

(1) 訓練されなければならない
　　訓練するとは，個別的人間および社会的人間における人間性にとって動物性が障害となるのを防止するように努力することである。
(2) 教化されなければならない

　　　　教化という概念は教授および知育を含意する。それは熟達した技能を獲得することである。
　(3) 怜悧にもなって，人間社会の中に適応して〔ひとびとに〕受け入れられ，〔他者に善い〕影響を与えてゆくということが留意されなければならない
　　　　そのために必要なのが，文明化とよばれるある種の教化である。この文明化には行儀作法と礼儀正しさおよびある種の怜悧さが要求されるのである。
　(4) 道徳化に留意しなければならない
　　　　人間はあらゆる目的のために熟達した技能を身に付けているばかりでなく，真に善い目的だけを選択するような心術をも獲得すべきである。

8.1.3　子ども期からの思考および道徳化の重要性

　さらに，カントは，人間は「躾けることだけではまだ十分ではないのであって，とりわけ重要なのは子どもが〔みずから〕思考することを学ぶことである。」(p. 232) と述べ，子ども期からの思考の重要性や，「人間が道徳的で賢明にならないならば，どうして人間を幸福にすることができるのであろうか〔できるわけがないからである〕。道徳的で賢明にならなければ，悪の量が減少するようなことはないのだ。」(p. 233) などの道徳化の重要性を強調している。このことは，今日の学校教育においても重要なことであり，学校教育法第30条第2項の確かな学力観にいう「思考力，判断力，表現力」を育成することに通じるものである。人間が道徳的で賢明になるための「思考力，判断力，表現力」の重要性でもある。このことが学校教育において機能しているならば，体罰はあり得ないはずである。

　人間が道徳的で賢明になる時期については，カントの次の論が参考になる (p. 235)。

　　　生徒について言えば，その最初の時期は服従および受動的従順さを示さなければならない時期である。しかし，そのつぎの時期は，もちろん一定の規則のもとではあるけれども，みずから思考してみずからの自由を行使す

ることがもう生徒にも許される時期なのである。最初の時期には機械論的強制がともない，そのつぎの時期には道徳的強制がともなう。

では，この道徳的強制が伴う時期とは，いつ頃までの時期をいうのか。カントは次のように述べている（p. 237）。

人間が自己自身をみずから導くように自然そのものによって規定されている時期まで，すなわち，性本能が人間の中に発現する時期まで，あるいは人間がみずから父親となることができ，またみずから自己自身を教育すべき時期まで，したがって，だいたい16歳の頃までである。

カントは，「教育の最も重要な問題のひとつは，法的強制に服従することと自己自身の自由を使用する能力とをいかにして統合できるのかということである。」「生徒を自由という強制に耐えるように慣らしてやると同時に，みずからの自由を正しく使用するように生徒自身を指導すべきである。こうしたことが行われなければ，すべて〔の教育活動〕はたんなる機械論にすぎず，教育を終えたひとでもその自由を使用することができない。」というのである（pp. 237-238）。その根拠は，「生徒は早い時期から社会の避けがたい抵抗を感じ取る必要がある。」（p. 238）ことに求められる。そのためにも，教師は体罰を行使することによって，生徒から自由を奪うことをしてはならない。教師は，生徒が自らの自由を正しく使用するように，生徒を正しく指導しなければならないのである。

8.1.4 実践的教育

カントは，「教育学ないし教育論は，自然的であるか実践的であるかのどちらかである。」と述べ，自然的教育を「人間と動物に共通しているような教育」，すなわち「養護」，実践的教育ないしは道徳的教育を「人間形成が行われて人間が自由に行為する存在者として生活できるようにするための教育」であると説明した（p. 241）。今日の学校教育が，自然的教育よりも実践的教育に力を注

いでいることはいうまでもない。この傾向は，生徒の発達段階が進むにつれ，人間関係や社会的な関係が複雑になるとともに大きくなっていくものであろう。

カントによれば，実践的教育は「人格性のための教育」であり，「自立して社会の構成メンバーのひとりとなり，さらに自己自身の内的価値を持ちうるような，そうした自由に行為する存在者をつくり出すための教育」である（p. 241）。

カントは，実践的教育に含まれるものとして，「(1)熟達性〔熟達した技能〕，(2)世間的怜悧，(3)道徳性」（p. 293）を挙げている。

(1) 熟達性〔熟達した技能〕

カントは，熟達性は「根本的なものであって，皮相的なものではない」とした上で，「根本的であるということ」が「次第に思考法の習慣とならなければならない」こととして，「根本的であることは人間の品性にとって本質的なこと」である，と述べている（p. 293）。

(2) 世間的怜悧

カントは，「外面的な見せかけの技法が礼儀作法である」ことや，「ひとはこの技法を身に付けなければならない」ことを述べた。そのためには，「偽装することが必要である」と述べ，「自己自身の欠陥を抑制すること」を指摘した。すなわち，カントは，世間的怜悧に必要なのは，「すぐに興奮して激昂しないということ」，しかし「投げやりで怠惰であってもならない」こと，「熱狂的であってはいけないが，実行力はなければならない」ことであると述べ，これらの意志は，「情動の抑制に不可欠」であることを指摘した（p. 294）。

(3) 道徳性

カントは，「善き品性を形成しようとするならば，まず第1に激情を取り除かなければならない」と述べ，「人間はみずからの傾向性に関して，激情にならないような習慣を身に付けなければならない」ことや，「あるものがみずからに対して拒絶された場合には，それが無くても必ず済ませるような習慣を持つようにしなければならない」ことを挙げた。すなわち，

第 8 章 「体罰概念の混乱」の克服 Ⅲ

「堪え忍んで，そして我慢する習慣を付けなさい！」ということである（p. 294）。

　カントは「徳」を「功徳という徳」「責務という徳」「純粋無垢という徳」のいずれかであるとし，「功徳という徳には，すなわち寛容（報復および安楽さおよび所有欲を自制する場合）や慈善および自制が含まれる。」「責務という徳には，すなわち公正さや上品さおよび温厚さが含まれ」，「純粋無垢という徳には，誠実さや慎ましさおよび節度が含まれている。」と述べている（p. 304）。
　カントが挙げる，子どもを対象にした上記の実践的教育の三つの要素を，体罰問題に当てはめてみると，次のようになろうか。

(1) 熟達性〔熟達した技能〕について
　児童生徒および教師が根本的であることを思考法の習慣にすることができれば，児童生徒および教師の皮相的な行為を抑制することが可能となり，教師が体罰に至ることはなくなるであろう。
(2) 世間的怜悧について
　児童生徒および教師が「自己自身の欠陥を抑制すること」として「外面的な見せかけの技法としての礼儀作法」や「偽装することの必要性」を心得ておくこと，「すぐに興奮して激昂しないということ」，「熱狂的であってはいけないが，実行力はなければならない」ことなどの「情動の抑制」の機能を発揮することによって，教師による体罰を回避できることが想定される。
(3) 道徳性について
　ここにいう「激情を取り除かなければならない」ことや，「激情にならないような習慣を身に付けなければならない」ことなどは，児童生徒のみならず，あってはならない体罰を行使してしまう教師への戒めとして説得力がある。非体罰への行動化は，児童生徒への指導のプロセスにおいて，教師がいかに激情を取り除く努力ができるかや，激情に任せて行動に走ることを堪え忍び，我慢ができるかにかかっている。そのためには，カント

のいうように,「あるものがみずからに対して拒絶された場合には, それが無くても必ず済ませるような習慣をもつようにしなければならない」ことや,「拒絶の回答や抵抗などに慣れることも必要」である。

体罰教師に共通して希薄なのが「徳」すなわち,「功徳という徳―寛容や慈善および自制」「責務という徳―公正さや上品さおよび温厚さ」「純粋無垢という徳―誠実さや慎ましさおよび節度」であるように思われる。児童生徒や教師にカントのいう「徳」が備わっておれば,体罰に至ることを未然に防ぐことができるであろう。すなわち,体罰行使の有無は,「徳」にかかわる児童生徒および教師の倫理的態度の形成に影響されているといっても過言ではない。

また,カントは,人間は本来的に道徳的に善であるのか否かについては,そのどちらでもないと述べている。カントは,その理由として,「人間は本来的には決して道徳的存在者ではなく,その理性が義務概念および法概念にまで到達する場合にだけ,道徳的存在者になる」ことを挙げている。すなわち,「人間は徳によってのみ,したがって自己強制にもとづく場合にのみ道徳的に善になることができる。」というのである (p. 304)。

教師は,学校教育法第11条但書(体罰の禁止)の法の理念を「義務概念および法概念」として受け止め,道徳的存在者としての教師の行為(道徳的善の行為)を選択できるように努める責務があるといえる。そうであるならば,体罰の行使などあり得ないであろう。

さらに,カントは,実践的教育の成立を次のように捉えている (p. 304)。

(1) 熟達した技能に関する学校教育的=機械論的人間形成からの成立
(2) 怜悧に関する実用的人間形成からの成立
(3) 道徳性に関する道徳的人間形成からの成立

このことについて,カントは,「人間は,みずからのあらゆる目的をうまく達成するようになるために,学校教育的人間形成ないしは知育を必要とする。」と述べ,その成果として「この学校教育的人間形成を通して,人間は自己自身

について個人としての価値を持つことになる。」ことや、「道徳的人間形成を通して人間は人類全体にかかわる価値を獲得する」ことを挙げた (pp. 241-242)。

その上で、カントは、「学校教育的人間形成は最も早期に行われる最初の人間形成」であり、「道徳的人間形成は、人間がみずから洞察すべき原則にもとづいているかぎり、最後に位置する人間形成」であると主張した (p. 242)。

8.1.5 「場所的構想力」と「自然衝動」

カントのいう訓練（訓育）の中に、「場所的構想力」がある。「場所的構想力」とは、「現実に見たことのある場所に即してあらゆるものを表象する能力」のことを意味する (p. 262)。カントはその具体例として、次のことを挙げている (p. 262)。

> 森の中から抜け出る道を見つけ出す能力、しかもその場合に、かつてそのそばを通ったことのある木を想い起こすことによって森の中から抜け出る道を見つけ出す能力はきわめて有益である。

このことを体罰に置き換えると、「体罰の場面・状況から抜け出る道を見つけ出す能力」と捉えられないだろうか。過去の体罰に至ってしまった場面・状況や体罰に至る直前の場面・状況を想い起こすことによって、体罰行使の場面・状況から抜け出る道を見つけることが可能になるかもしれない。体罰横行に歯止めをかけるには、「場所的構想力」にいう、「〇〇を想い起こすことによって□□の中から抜け出る道を見つけ出す能力」を訓練することが必要である。

カントは、子どもの遊びにはその基盤に子どもの「自然衝動」といったものが横たわっているという。そのたとえが理解しやすい。カントは、「目隠し遊びの場合、〔眼という〕ひとつの感覚器官〔感官〕が自由に使用できなくなったときに、どのようにすればそれをみずから補ってゆけるのかを身をもって知ろうとする子どもの自然衝動にもとづいている。」と述べている (p. 263)。

このことを体罰問題に応用してみると、学校教育法第11条但書を遵守するには、体罰が行使され得る場面・状況において、体罰法禁の現実から、教師が非

体罰によってその場面・状況を収めようとする「自然衝動」をどのように機能させることができるかにかかっている。そのためには，どのような「自然衝動」を機能させたらよいのかに関わる訓練が必要になる。あらかじめそのことを想定しておくことが重要であり，想定のイメージを繰り返して訓練しておくことが，非体罰の自然衝動を可能にするものと思われる。

8.1.6　陶冶形成するための方法

　カントは，「子どもを〔ひとりの人間として〕陶冶形成するための方法」を，「〔こころに〕傷を付けるようなことだけはしない，〔そしてまた〕子どもに礼儀作法の概念を詰め込まないというもの」と定義している（p. 264）。

　体罰は「〔こころに〕傷を付ける」行為に他ならないし，「子どもに礼儀作法の概念を詰め込まない」ことにも反する行為である。したがって，体罰が「〔ひとりの人間として〕陶冶形成するための方法」であるということは成立しない。ここに体罰肯定論者がいう「体罰の教育的効果」は否定されなければならない理由がある。

　カントのいう「教育は強制的でなければならないが，しかしそうであるからといって奴隷的であってはならない」（p. 269）ということが，体罰が教育的ではないということをよく物語っている。体罰は物理的な力を伴う強制的な非教育的行為であり，人が人を鞭打つ奴隷的行為である。カントのいう「教育は強制的でなければならない」ことについては，学校教育法第11条本文にいう「懲戒権」内に属することと理解すべきである。

　カントのいう，「あらゆる事柄は，感性的印象のあとにまず悟性が続いて，〔その次に〕記憶力がこの感性的印象を保存することになるといった構造を持っている」（p. 271）ことについては，被体罰の体験が非教育的な記憶として残ることや加害者が体罰行為を繰り返す土壌を形成する記憶として残ることによく当てはまる。体罰は被害者にとっても加害者にとっても何らか（どちらにおいてもマイナスの遺産として）の「感性的印象」をもたらし，「悟性」を介して，「記憶」となって両者の精神に悪影響をもたらすことになる。一度精神の誤った教化が図られると，そこから抜け出すことが難しくなる。体罰の被害者

が自殺に至る行為は，被害者が加害者にその違法性や非教育的行為性を合理的に主張することができなかった結果であり，加害者が被害者の心や人格を深く傷つけた結果である。この典型的な事例が大阪市立桜宮高等学校男子生徒の体罰死事件〔2012（平成24）年12月23日〕であった。体罰は一時的な「感性的印象」に止まることなく，「悟性」となり，「記憶」となる凶器であり，麻薬でもあることを承知していなければならない。

8.1.7 道徳的な一般的教化と理性

　カントは，「道徳的な一般的教化」について，「道徳的な一般的教化の基礎を模範，威嚇，懲罰などに置こうとするならば，すべてが台無しになってしまう。」と述べている（p. 275）。体罰は，カントのいう「威嚇，懲罰」を伴う肉体的罰であり，「道徳的な一般的教化」に馴染まないものである。カントによれば，道徳的な一般的教化の基礎に置く「模範，威嚇，懲罰など」は「訓練にすぎない」ことになる。学校教育法第11条但書（体罰の禁止）にいう体罰は，カントのいう「訓練」をもってしても禁止されていると解すべきである。体罰からは，カントのいう「生徒が習慣からではなく，みずからの格率にもとづいて善い行為を行い，したがってたんに善を行うだけではなくてそれが善であるという理由で善を行う」という教育の成果を導き出すことはできない。なぜなら，体罰は，カントのいう「行為の道徳的価値全体は，善の格率にその本質が見出される」ことからも乖離した行為だからである。体罰は，生徒にとって受動的である「自然的教育」でも，生徒の能動的な行為が要求される「道徳的教育」でもない。教育の目的を達成するためには，カントが指摘するように，「生徒はいつでも行為の根拠と起源を義務の概念から洞察しなければならない」のであり，教師はその生徒の洞察をサポートする必要がある。教師の教育に対する倫理的態度が絶えず問われているのである（p. 275）。

　それゆえ，カントは生徒の理性について次のように論じている。ここにいう理性とは，「さらに指導を必要とするような理性」であり，「その理性はいつでも〔何に関しても〕論証しようとする必要はなく，したがってそうした理性にとっても概念的理解を超え出てゆくような問題について多くの事柄があらかじ

め論証されているということは必要ない」ものである。すなわち，カントは理性を「思弁的理性ではなくて，むしろ因果関係にしたがって生起する事柄をめぐる反省能力にほかならない」と指摘し，「機能や構造の点で実践的な理性である」と述べている (p. 277)。

また，カントは「理性を陶冶形成する場合には，ソクラテス的な手続きが取られなければならない」ことを挙げ，対話者から知識を取り出すソクラテスの産婆術に着目している。すなわち，カントは「理性認識を子どもの中に持ち込むのではなくて，むしろ理性認識を子どもの中から取り出す」ことを目指さなければならないことを指摘した。このような視点で教育が行われるならば，体罰が発生する余地などないであろう (p. 278)。

8.1.8　道徳的教化

カントは，道徳的教化についても論じている。カントのいう道徳的教化は，「何が善で何が悪であるのかに関する概念」を「あらかじめ早くから子どもに教え込むようにしたほうがよい」ということに見られる。カントはその上で，「道徳性を確立しようとするならば，〔子どもを〕罰するようなことは行ってはならない」と述べ，その根拠に「道徳性はとても神聖で崇高なもの」であることを挙げている。また，カントは，道徳的教育の第一の努力事項として「品性の確立」を挙げ，「品性の本質は格率にしたがって行為する能力という点にある」と指摘した。ここにいう格率について，カントは，「最初に学校の格率があり，それに続いて人間性の格率がある」と述べている。しかし，カントは一方で，「処罰は常に違反の程度に対応している必要がある」とし，「いかなる校則違反も罰せられずに見のがされてはならない」とも主張している (p. 284)。

カントのこの論の前者と後者は一見して矛盾しているように思われるが，決してそうではない。罰する行為の中身と方法の問題である。道徳性を確立できないような罰は行ってはならないのであって，品性の確立を保つことができる範囲内において，処罰は違反の程度に応じて行われなければならないと解するのが妥当であろう。体罰は，道徳性を確立できない行為であり，品性の確立を保つことができない処罰といわざるを得ない。

カントは,「生徒の品性には何よりもまず従順さが重要である」ことを挙げ,「この従順さには二通りあって,第1の従順さは,すなわち指導者の絶対的意志に対する従順さであり,それに対して第2の従順さは指導者の理性的で善であると承認された意志に対する従順さである。」と述べている。カントは,後者の自発的な従順さがきわめて重要であると指摘した (p. 285)。

　体罰は,しばしば「指導者の絶対的意志に対する従順さ」を求めるプロセスにおいて発生しがちである。教師は児童生徒に「指導者の理性的で善である意志に対する従順さ」を求めるものでなければならない。そうであるなら,体罰に至ることはあり得ない。

　カントは,「怒りの表情や動作をともなって行われる処罰は,誤った影響をおよぼす」ことを指摘し,「そのような場合,子どもはその処罰を結果としか見なさず,しかも自己自身を他者の情動の対象と見なしているにすぎない」ことを述べている。その上で,「そもそも処罰は子どもに対してはつねに慎重に注意深く加えられ,その処罰の究極目的は子どもをより善くすることだけにあるということが子ども自身にわかるようにしなければならない」ことを指摘している (p. 288)。

　このことを体罰に置き換えてみれば,体罰がいかに非教育的な行為であり,児童生徒に受け入れられることのない悪影響を及ぼす行為であることが容易に理解できるであろう。体罰の究極的目的が子どもをより善くすることにあり,子ども自身にそのことがわかるようにしていたとしても,学校教育法第11条但書は体罰を認めていないのである。その重みを知るべきである。

　カントは,「多くの子どもが嘘をつく性癖を持っている」という。しかし,カントは「いかなる条件のもとでも,処罰を通じて子どもに本当のことをいうように強要しようとしてはいけない」とも述べている。カントはその理由に,「子どものつく嘘はすぐに不利益をみずから招き寄せるにちがいないだろうし,それに続いて子ども自身がその不利益のために処罰されるからである」ことを挙げている (p. 290)。

　体罰は,嘘をついた行為を責め,本当のことをいうように強要するプロセスにおいて発生することがある。いうまでもなく,体罰をもって児童生徒に本当

のことをいうように強要することはあってはならない。カントは，そのような処罰を通じなくても，「子どものつく嘘はすぐに不利益をみずから招き寄せる」ことになり，「それに続いて子ども自身がその不利益のために処罰される」ことになるというのである。カントは，「嘘に対する唯一の目的にかなった〔合目的的な〕処罰」は，体罰のような処罰ではなく，「〔教師が生徒を〕尊敬することをやめてしまうこと」だと述べている（p. 290）。

体罰のような処罰が否定されなければならない理由としては，カントのいう，「子どもは…伸び伸びとしていて，そのまなざしは太陽のように晴れやかでなければならない。快活なこころだけが善に対する喜びを感じ取ることができる。」「快活なこころはつねに学校の強制の中できびしく束縛されてはならない。」の言葉が説得力をもつ（p. 291）。体罰は，児童生徒の心を陰惨にし，生気を失わせてしまう非教育的・暴力的行為以外の何物でもない。

8.1.9 「宗教」と「道徳」

次にカントのいう「宗教」を学習指導要領にいう「道徳」に当てはめてみる。

カントは宗教を「われわれ〔人間〕に関する立法者にして裁判官であるような存在を通して活力を得ているという点で，われわれの内部にある法そのものにほかならない。」と定義している。そして，「宗教は神の認識に適用された道徳」だというのである。宗教が人間の内部にある法そのものであるように，「道徳」は人間の内部にある法の機能を果たすものといえないだろうか（pp. 306-307）。

また，カントのいう，「神を讃美したり神に祈りを捧げたり教会に通ったりすること」は，「みずからを改善するための新たな力と新たな勇気を人間に与えること」，「義務の観念に満たされたこころを表現すること」でなければならないとの論は，「道徳」を熱心に学習する児童生徒に，「みずからを改善するための新たな力と新たな勇気」や「義務の観念に満たされたこころの表現」を獲得させることに匹敵するように思われる（p. 307）。

カントのいう「道徳的良心」[9]（p. 308）が大切にされ，児童生徒の道徳性が豊かに育成されるならば，「体罰」の行使はありえないであろう。体罰に至らな

いための未然防止としての心の教育（道徳教育）の充実が求められる理由がここにある。このような教育の取組は，児童生徒のみならず，教師の指導力・人間力を向上させることにおいても不可欠といえる。[10)]

8.2 教師を追い詰める加担者の立ち位置として捉えられる「教育の倫理的態度」

8.2.1 善い教育とは

　カントは，「教育された両親は，子どもが自己形成をしてゆくための模範的実例である」(p. 227) と述べ，子どもの自己形成にとって，両親がすでに教育されているか否かが大きく影響することを主張している。このことはいつの時代においても普遍的な価値をもつものといえる。

　しかし，現実は，カントが指摘するように，「両親は一般的に，たとえ現在の世間が堕落しているにしても，その世間に適合するようにしか子どもを教育しない」(p. 228) ように見える。だからこそ，カントのいうように，「両親は，〔むしろ〕子どもを教育することによって将来的により善い状態が実現されるように，子どもをより善く教育すべき」(p. 228) である。ただし，ここには二つの障害があるという。カントはこのことを次のように説明している (p. 228)。

(1) 両親は一般的に，その子どもが世間において出世することだけを気遣うという障害
(2) 君主はその臣下をみずからの意図を実現するための道具のようにしか見なしていないといった障害

すなわち，カントは，「両親は家庭を気遣い，君主は国家を気遣う〔にすぎない〕」というのである。両者はともに，「世界の公共的利益〔世界の福祉〕」を究極の目的としていないということになる。

　カントにとって，善い教育とは，「世界のあらゆる善が生じる源泉」となるものであり，「人間の中に備わっている萌芽が，さらにますます発展」するこ

となのである (p. 229)。ここに改めて，カントの教育観のスケールの大きさを知ることができる。親の教育に対する倫理的態度は，親がいかなる教育理念，教育観をもっているのかに大きくかかわっているといっても過言ではない。

8.2.2　早期教育の是非

カントは早期教育の是非について次のように述べている (p. 247)。

> 一般的には，早期の教育はまさに消極的でなければならないということ，換言すれば，自然の配慮を越えてさらにもうひとつ別の〔作為的な〕配慮を付け加える必要はなく，自然をただ妨害しないようにすればよいということに留意しなければならない。

カントのこの考え方は，ルソーの教育理念でもある「消極教育」「早期教育の否定」を支持するものである。しかし，カントのいう「もし〔早期の〕教育に作為が許されるとするならば，それは鍛錬という作為だけにすぎない。」(p. 229) との主張は，ルソーの教育理念とは異なるものである。これは，カントの訓練（訓育）を重視する教育観の表れともいえる。この鍛錬が自己による鍛錬なのか他者による鍛錬なのかによって，解釈は大きく分かれることになる。後者の鍛錬は親（教師も同様）による子どもへの懲戒，その延長線としての体罰が想定される。

この他者による鍛錬の発想はルソーの教育論には見当たらない。懲戒や体罰はルソーのいう「自然」の要求に反する非教育的行為だからである。では，カントのいう鍛錬は何を意味しているのか。カントは，「子どもは自由に放任されていれば，さらに一層その身体を鍛錬するもの」であり，「教育する場合には，子どもが軟弱になることを阻止するだけでよい。」「軟弱さの反対が鍛錬である。」「子どもをあらゆることに慣れさせようと強制するならば，それはあまりにも多くの危険がともなう。」というのである (p. 254)。

このことから，カントのいう鍛錬は，ルソーのいう「消極教育」を否定するものではないことがわかる。基本的な教育理念は，ルソーもカントも同様であ

ると捉えられる。

しかし，カントが指摘しているように，「多くの両親はその子どもをあらゆることに習慣づけようとしている」のである。「決して役に立つものではない」習慣づけが，多くの親によって子ども期の早い段階からなされるならば，「おとなになってからでも一定の性癖が身に付いてしまう」ことになるであろう (p. 255)。

その性癖は，さらに多くの人々を巻き込み，悪循環として繰り返されることになるだろう。ここに，教師を追い詰める加担者の立ち位置としての保護者や児童生徒の倫理的態度が問われることになる。

カントは，早期教育において好ましくない習慣として，「揺りかご」の使用を挙げた。「あちこちと揺り動かすことは子ども〔赤ん坊〕の健康にとっては有害」だというのである。カントはその根拠に，「〔農民の〕ひとたちは揺りかごをゆすって子ども〔の気分〕をまぎらわせて，子どもが泣き叫ばないようにしようと思っている。しかしながら，泣き叫ぶということは子どもの健康には好ましい」のであり，「子どもは，まったく空気を吸うことのなかった母胎から出てくるとすぐに最初の空気を吸い込む。このことによって血行に変化が生じて子どもに苦痛の感覚が生まれる」ことを挙げている (p. 248)。

8.2.3 教育の堕落と弊害

また，カントは教育の堕落，弊害として，「泣いて訴えれば何でも叶えられるということがわかると，子どもは泣き叫ぶことを何度でも繰り返す」(pp. 248-249) ことを指摘している。このことについてカントは次のように述べている (p. 249)。

> 一般庶民は，子どもが泣き叫ぶとすぐに駆けつけて子どもと遊んだりなどすれば，それが子どもに対して何か善いことを施しているのだと考えている。しかし，子どもはますます頻繁に泣き叫ぶのである。それとは反対に，子どもが泣き叫んでいるのを無視してそのままに放置しておくと，子どもは最後には泣きやんでしまう。

あらゆるわがままが叶えられると考えるような習慣を子どもにつけてしまうと，あとになってからその意志を打ち砕こうとしてもそれでは遅すぎる。けれども，子どもを泣き叫ぶままに放置しておけば，子ども自身が泣き叫ぶことに飽きてしまう。したがって，もし子ども期の最初の頃に子どものわがままをすべて叶えてしまうと，そのことによって〔かえって〕子どものこころと道徳性を堕落させてしまうことになる。

今日の親子関係の光景は，上記のカントの指摘がそのまま当てはまるように見える。今日の子どもたちは，子ども期の最初の頃から学齢期に至るまで，わがままがほぼ叶う環境に置かれている。幼児期から少年期へと至った学齢期の児童生徒は，すでに幼児期までの教育に大きく影響されているのである。

このような環境の下で育った児童生徒に学校はどう対処すればよいのか。基本的な生活習慣，躾，訓練（訓育），生徒指導等の面において，相当なエネルギーを要することは必然である。そのような対応はすでに手遅れの感ありといわざるを得ない。このような実態から，学校教育現場が体罰の危機に瀕していることは容易に理解できるところである。体罰への危機は，生徒指導に真正面から立ち向かおうとすればするほど，より現実的となる。教師を追い詰める加担者の立ち位置としての保護者や児童生徒の倫理的態度が，ここでも問われているのである。

カントは，子どもが「〔手を叩かれるという〕ことと，侮辱という概念をすでに実際に結び付けている」という。その根拠は，「子どもはこころの中で痛癢をかみ殺してしまうので，それだけさらに子どもの憤怒は内にこもってゆく」ことになり，「子どもは表面的偽装と内面的なこころの動揺という習慣を身に付けてしまう危険性」が生じることにある。カントのいうように，「鞭は，感謝されて当然であるようなそれほどすばらしい贈り物では決してない」のである (pp. 250-251)。

親による鞭によって，子どもが「表面的偽装および欺瞞の習慣を身に付けてしまう」(p. 251) ことは，その後の人生に悪影響を及ぼすことになる。幼児期の鞭打ちの体験は少年期，青年期，壮年期に決してよい影響を与えないであろ

う。虐待を受けてきた子どもがやがて虐待をする大人になる事例や，体罰を受けてきた児童生徒が体罰を行う教師になる事例はよく知られたことでもある。被体罰の体験は「感覚器官（感官）」(p. 262) の負の訓練となってしまうことは必至である。このことが日常的な体験となれば，児童生徒に身に付く感覚はどういうことになるのだろうか。被体罰者が体罰行為（暴力行為）を引き起こす加害者へと変身してしまう現実の怖さがここにある。ここにも，教師を追い詰める加担者の立ち位置としての保護者や児童生徒の倫理的態度が問われている。

　カントは，訓練（訓育）について，「奴隷的なものではなくて，むしろ〔訓練のときにも〕子どもはつねにその自由を感じている必要があるということに特に留意すべきである。」と述べている。カントはその上で，「子どもに対してそのあらゆる要求を拒否して，そうすることによって子どもの忍耐力を訓練したり，したがって子ども自身が持っている以上の過剰な忍耐力を要求する両親もたくさん存在している。」ことを指摘し，「これは残酷なことである。」と断言している。カントは，「子どもの泣き声にかまうことはないし，また子どもが泣き叫んで何かを強く要求しようとしても，それを叶えたりしてはならない」が，「子どもが丁寧な態度で懇願するものは，もしそれが子どもの役に立つならば，子どもに与えるべきである」というのである (pp. 256-257)。

　また，カントは，大人が子どもに向かって，「こら，恥ずかしいと思いなさい！なんて行儀の悪いことをするの！」などと怒鳴りつけることは，早期の教育の場合には，すべきではないといっている。カントはその理由に，「子どもはまだ恥の概念も持っていなければ，行儀作法の概念も持っておらず，〔それゆえに〕子どもは恥じる必要もなければ，恥じるべきでもない」ことを挙げ，「〔もし恥じたりすれば〕そうすることによって子どもはただ内気になるばかりである。」と指摘した (p. 257)。カントのこのような子ども観からは親や教師による体罰が発生する余地などない。

注
  1) エラスムス（著），中城進（訳）『エラスムス教育論』二瓶社，1994年，p. 16。

第Ⅱ部　体罰概念の明確化と混乱の克服

2) 同上書，p. 17。
3) 同上書，p. 23。
4) 同上書，p. 228から抜粋。
5) ルソー（著），今野一雄（訳）『エミール上』（岩波文庫33-622-1）岩波書店，1962年，pp. 28-29から抜粋。
6) 同上書，pp. 58-59から抜粋。
7) カントは知育のことをこう言い表すこともできると述べている。［カント（著），湯浅正彦・井上義彦・加藤泰史（訳）『カント全集17　論理学・教育学』岩波書店，2001年，p. 222を参照］。
8) カントの用法では各人の採用する主観的な行為の規則を意味し，普遍妥当的な道徳律と区別される。
9) カントは，「われわれ（人間）の内部にある法は良心と呼ばれる。良心とは，本来的にはわれわれ（人間）の行為をこの法に適合させることである。」と述べている。
10) 【補説】を参照されたい。（本書 pp. 139-147）

第9章　教育の倫理的態度の追求と 「体罰概念の混乱」の克服

　越智貢は，「モラルにかなう行為を個人的な能力や資質に関わることと見なしがち」であることを指摘した上で，「モラルを身につけている人でも，彼が置かれた状況に応じて，そうしえないことがある」ことを指摘した[1]。この指摘から，教師の置かれている立ち位置や，教師を取り巻く生徒や保護者の立ち位置による体罰発生のメカニズムが見えてくる。

　越智は学校を「『時限的』な理想社会」と捉え，そのためには，校内の「安全」が図られ，その上で生徒たちの「自由」が保障されていなければならないことを指摘している。そして，「教育困難校であればあるほど，これら二つが希薄になることに注意する必要がある」ことを指摘した[2]。

　体罰は，教師が生徒の「安全」と「自由」を奪う最たるものである。体罰死事件はその最悪のケースといえる。

　越智は「倫理学の見直しと学校のモラル[3]」の中で，「倫理学は次のような課題に答えなければならない」とし，その一つに「モラルを堅持するためには，どの程度の自律性が必要とされるか」を挙げている。

　このことに関わって，越智は法とモラルについて触れ，「法とモラルとは相即の関係にある」ことを次のように述べている[4]。

　　モラルに抵触する法は法的機能を維持することができない。法は，それを守ろうとするモラルがなければ，お題目とほとんど異ならないからである。たとえ厳しい法的罰則があっても，それだけで法秩序を生むことは難しい。そして，法秩序が保たれていて初めて，モラルの発動が促されることも間違いない。

このことを体罰問題に当てはめてみると，学校教育法第11条但書（体罰の禁止）は，これを守ろうとするモラルがなければ，お題目に過ぎないことになりはしないか。たとえ厳しい法的罰則や行政処分があったとしても，これだけで学校教育法第11条但書（体罰の禁止）の法秩序を維持することは難しいといわざるを得ない。なぜなら，学校教育法第11条という立派な法がありながら，体罰厳禁が守られることなく，法令違反の実態が今日なお後を絶たないからである。

学校教育法第11条但書（体罰の禁止）を厳守するモラルとは，一体何であろうか。自らを律する心であり，モラルを堅持できる程のレベルの高い自律性と捉えたい。そのようなレベルの高い自律性は，じっとしていて自然に生じるものではない。自律性は努力して獲得し，身に付けるべきものではあるまいか。その重要な方途の一つが，エラスムス，ルソー，カントの教育論に見られるような確かな教育観，人間観，子ども観の獲得である。教員（学校教師）は，少なくとも体罰の行使に自らブレーキをかけることができるような自律性を身に付けていなければならないのである。

非体罰の教育を推進するには，教育の倫理的態度（教育のもつ暴力性を意識しようとする態度，教育行為の多面性に鋭敏であろうとする態度）が追求されなければならない。

9.1 教育論と教育の倫理的態度

どのようにすれば教育の倫理的態度を形成することができるのか。先に検討したエラスムス，ルソー，カントの教育論がその答えを示してくれている。ここでは，エラスムス，ルソー，カントの教育論の教育倫理学的総括を試みる。

9.1.1 エラスムスの教育論と教育の倫理的態度

エラスムスの教育論からあるべき教育の倫理的態度（A：教師の立ち位置の明確化と教育のもつ暴力性を意識しようとする態度，B：教師を追い詰める加担者の立ち位置の明確化と教育行為の多面性に鋭敏であろうとする態度）を明

確にする。

A：教師の立ち位置の明確化と教育のもつ暴力性を意識しようとする態度

　エラスムスは，「苛酷な扱いによって子供を怯えさせる教師」を相応しくない教師，「優しい扱いによって子供を魅惑し引き付ける教師」を相応しい教師として捉えている[5]。すなわちエラスムスは，体罰のような恐怖による教育ではなく，「自ずと生じる敬意によって次第に子供を引き付けていく[6]」ような教師を求めているのである。

　エラスムスはまた，幼い子ども（7歳までの段階と想定される）への体罰が，「成人した後にも勉学を憎む行為を示すようになる」などの悪影響を及ぼすことをも指摘した[7]。

　では，教師たる者はどんな存在でなければならないのか。エラスムスは，「文学的教養や上品さを備えた人間」「学識深く有徳で思慮深い人間」「知的・道徳的に陶冶された人間」を求めている[8]。

　エラスムスのこの教育論から，教師がとるべき立ち位置や教育のもつ暴力性を意識しようとする態度の重要性や，その理由およびその方策が見えてくる。

　教師がとるべき立ち位置は，体罰のような苛酷な扱いや恐怖による教育を否定する立場に立つということであり，教育のもつ暴力性への意識の自覚や暴力性を否定しなければならない理由は，子どもへの体罰が成人後においても勉学を憎む行為を示すなどの悪影響を及ぼすということにある。それゆえに，非体罰の方策として，教師たる者は文学的教養や上品さを備え，学識深く有徳で思慮深い，知的・道徳的に陶冶された人間になることが期待されているのである。

B：教師を追い詰める加担者の立ち位置の明確化と教育行為の多面性に鋭敏で
　　あろうとする態度

　エラスムスは，「入念にそして良い時期に教え込むことが行なわれなければ，人間は無用の被造物になってしまう[9]」と述べるなど，一貫して幼少時教育の重

要性について述べている。エラスムスのこの主張は，幼少時教育の責任が子どもの生命のはじまりをつくった親たちにあることを指摘していることにおいて，その意義が見い出される。なぜなら，体罰は加害者である教師に批判の矢が向けられるのが一般的であるが，それ以前に，体罰に至るまでの子どもの成長過程における親の教育の結果が問われなければならないからである。エラスムスのいう7歳までの教育がとりわけ重要である。7歳までに親の質の良いしつけがあったのか否かが，その後の教育に大きく影響しているように思われる。

このことは，エラスムスのいう，子どもの最初の人生に相応しい親子の善き交わりの大切さや「愛や学習ということによって幼少の子供たちに対して多大の配慮をするべきである」[10]ことからも容易に理解できる。

エラスムスはまた，「Ⅰ 子供たちに良習と文学とを惜しみなく教えることを出生から直ちに行なう，ということについての主張」[11]の中で，「良習と学識の教育をそれぞれの近親者に与えることは，何よりも優先する敬虔な義務を遂行することである」[12]と述べ，「親自らが自分たちの子供に教育を施すために教養を学び取る」[13]ことが，親と子との両者にとって有益であることを指摘している。すなわち，子どもたちの教育に当たる親自らが親として相応しい教養を身に付けておくことが求められているのである。

また，エラスムスは，「全ての幼い子供たちを柔和さをもって愛護しなくてはならない」[14]ことや，子どもに「警告を与える時とか叱責を与える時には残忍さや苦痛をもって行うべきではない」[15]ことを挙げ，鞭打つことを否定している。鞭打つこと（体罰）は，学校教師に対してはもちろんのこと，親に対しても否定されなければならないことである。

さらに，エラスムスは，「Ⅱ 子供の礼儀作法についての覚書」[16]の中の「第1章 身体について」[17]で，体罰論に重要な視点を与えている。

教師が肉体的苦痛を伴う物理的行為（体罰）に至ってしまう状況を想定するとき，児童生徒の礼儀をわきまえない態度が，教師の冷静さを失わせる場合が少なくない。このことから，児童生徒が教師を体罰の加害者へと追い詰める加担者として存在することが指摘される。児童生徒が，学校教育法第11条但書によって教師の体罰が禁止されていることを知っているか否かにかかわらず，教

師を挑発する行為に至ることがある。それゆえに，教師が非体罰の教育方法——どのように児童生徒を教育することが相応しいのか——を心得ておくことが重要になる。このことが，児童生徒に教師を体罰に追い詰める加担者として存在させないための次善の策といえるのではないか。

そのための方策の一つに，エラスムスのいう「子供にとって適正な礼儀作法—身体について—[18)]」が参考になる。具体的には，児童生徒に「身体の外見的な礼儀正しさ」を求め，「規則正しく整えられた良き精神」を培うことが教育の基本とされなければならないということである。

教師を体罰へと追い詰める加担者として，子どもの将来に責任をもたない親，親としての義務や責任を果たさない親，堕落した悪習や悪徳を詰め込む親，子供に対して最良の教育を行おうとしない親の存在がある。親がその立ち位置を自覚し，教育行為の多面性に鋭敏であろうとする態度を形成することが，教師を体罰へと追い込まない次善の策といえそうである。

9.1.2 ルソーの教育論と教育の倫理的態度

ルソーの教育論からあるべき教育の倫理的態度（A：教師の立ち位置の明確化と教育のもつ暴力性を意識しようとする態度，B：教師を追い詰める加担者の立ち位置の明確化と教育行為の多面性に鋭敏であろうとする態度）を明確にする。

A：教師の立ち位置の明確化と教育のもつ暴力性を意識しようとする態度

ルソーは，よい教師の資格を「金で買えない人間」として捉え，教師を「金のためにということではできない職業」「金のためにやるのではそれにふさわしい人間でなくなるような高尚な職業」と定義した。教師たる者はそれほどまでに「崇高な人」，「人間以上の者」でなければならないということである。ルソーのいう「教師は生徒にふさわしく教育されていなければならない。」のフレーズがそのことをよく物語っている[19)]。このことは，今日においても求められるべき教師の資質であり，教師たるに相応しい要件といえる。それゆえ体罰教

師には，児童生徒を相応しく教育するための再教育が必要不可欠なのである。

　学校教育法第11条にいう懲戒権は，ルソーのいう「自然の要求」に見合うだけの懲戒のみを認めているものであり，「自然の要求」に反する懲戒は，学校教育法第11条但書によって禁止されていると解するのが妥当である。このことは，教師の立ち位置として，教育の倫理的態度を形成する要素としても重要である。

　ルソーは，生徒を罰することについて，「どんな罰もくわえてはならない」ことを述べ，その理由に「生徒は過ちをおかすとはどういうことか知らない」「生徒はあなたがたを侮辱するようなことはできない」「生徒は罰をうけたり，しかられたりするような，道徳的に悪いことはなに一つすることができない」ことを挙げている[20]。学校教育法第11条但書は，たとえ児童生徒が意図的に過ちを犯したとしても，児童生徒が教師を侮辱するようなことがあったとしても，児童生徒が道徳的に悪いことをしたとしても，体罰を加えることを禁止しているのである。

　そうであるなら，体罰に至らない懲戒行為としてどんなことが相応しい罰ということになるのか。ルソーは，相応しい罰の代償として，「いつもかれらの悪い行動の自然の結果としてあたえられなければならないこと」を挙げた[21]。ルソーのいうように，罰を罰として加えるのではなく，児童生徒の悪い行動に対する自然の結果としての罰（「自然罰」）が生じるようにすることが児童生徒に対する相応しい罰であるように思われる。教師が「自然罰」をもって罰することを生徒指導の基本とするならば，今日にいう体罰問題が生じることはない。

　12歳ないし13歳までの幼児児童はルソーのいう「心情がまだなにも感じていない時代」[22]である。この頃の被体罰の記憶は鮮明である。だからこそ，児童生徒は被体罰の習慣をもたせられることによって，大人の暴力（教師の体罰）を模倣（踏襲）することになる。その模倣は立場が逆転した中で，大人（教師）になって児童生徒を養育（教育）するときに発動される。被暴力の体験者が暴力的な存在になってしまうことはよくあることである。

　体罰は人格を著しく傷つけ，最悪の場合，死に至らしめる。大阪市立桜宮高等学校男子生徒の体罰死事件（2012年12月23日）は，まさにその典型的な事例で

あった。体罰は「子どもの状態に自分をおいて考えること[23]」ができない結果として生じる暴力である。「子どもの状態に自分をおいて考えること」ができないのは，教師の教育観や倫理観に関わることであり，教師として相応しくないことである。児童生徒の眼差しを受け止め，その目線に立って対応することができない教師は，教育活動において体罰の可能性が存在することを自覚していなければならない。

B：教師を追い詰める加担者の立ち位置の明確化と教育行為の多面性に鋭敏であろうとする態度

　ルソーは，「ほんとうの乳母は母親」，「ほんとうの教師は父親」であり，「父と母とはその仕事の順序においても，教育方針においても完全に一致していなければならない」として，やがて「母親の手から子どもは父親の手に移らなければならない」と述べた。このルソーの考えは家庭教育のありようを示すものであり，今日においても十分に通用する教育観である。ルソーが「世界でいちばん有能な先生によってよりも，分別のある平凡な父親の手によってこそ，子どもはりっぱに教育される」と指摘していることは，子どもの教育に思慮ある父親の存在が重要であることを意味している。[24]

　しかし，現実は違う。父親や母親が必ずしも責任をもって子育てをしているとはいえない。子育てを母親に任せっきりにしている父親不在の家庭は，推して知るべきである。教師は，このような成育歴をもった児童生徒を，体罰によって矯正しようとしているのである。間違った子育てをされ続けてきた児童生徒への体罰である。それでよいのか。教師を体罰に追いやる加担者としての親や子の立ち位置と，児童生徒に体罰を強行する教師の立ち位置がここでも問われている。

　分別のある父親と母親の手による子育てが，子どもが生まれたときから大事にされているならば，子どもは人としての心と所作を心得て成長することになるであろう。そうであるなら，少なくとも児童生徒が悪態をつくことによって，学校教師から体罰を受けるようなことはないのである。

9.1.3 カントの教育学と教育の倫理的態度

　カントの教育学からあるべき教育の倫理的態度（Ａ：教師の立ち位置の明確化と教育のもつ暴力性を意識しようとする態度，Ｂ：教師を追い詰める加担者の立ち位置の明確化と教育行為の多面性に鋭敏であろうとする態度）を明確にする。

Ａ：教師の立ち位置の明確化と教育のもつ暴力性を意識しようとする態度

　カントは「人間とは教育されなければならない唯一の被造物である」と述べ，ここにいう教育は「養育（養護・保育）」と「訓練（訓育）」および「人間形成をともなった知育」であることを明らかにしている[25]。このことからもカントは，ルソーが「消極教育」「早期教育の否定」を基本的な教育理念としたのに対して，「積極教育」「早期教育の必要」を主張しているように思われる。その根拠は，カントのいう，「子ども期にみずからの意志のままに気ままに生活することが許されて，しかもその時にいかなる抵抗にもあわなかったとすれば，人間はその全生涯を通じてある種の野性的な粗暴さを持ち続けるであろう」ことや，「人間はその〔子ども期の〕早い時期から理性の指示にしたがうことに慣らされなければならない」こと，「子ども期に母親の過剰な愛情で大事にされすぎることは，同じようにその人間のためにはならない」ことが挙げられる[26]。この点は，先に論述したエラスムスの教育論との類似性を指摘することができる。
　またカントは「人間は教育によってはじめて人間になることができる」こと，「人間は人間によってのみ教育される」こと，「教育を受けた人間によってのみ教育される」ことを指摘した[27]。このカントの教育観，人間観は，エラスムスやルソーのそれとも一致している。カントは，「自己自身を改善すること，自己自身を教化すること，そしてみずからが〔道徳的に〕悪である場合には自己自身で道徳性を身に付けるようにするということ」が人間の行うべき義務であるというのである[28]。この義務は，当然のこととして教師に求められる。なぜなら，体罰は「他律から自律に」向かう道徳性が身に付いていない教師の未熟な行為であり，人間の行うべき義務を怠った非教育的行為だからである。

さらにカントは，実践的教育ないしは道徳的教育を，「それを通して人間形成が行われて人間が自由に行為する存在者として生活できるようにするための教育にほかならない」と述べている[29]。この実践的教育ないしは道徳的教育は，児童生徒に対する教育であるとともに教師自らの自己修養のための教育でもある。

カントは，「道徳的な一般的教化」については，「道徳的な一般的教化の基礎を模範，威嚇，懲罰などに置こうとするならば，すべてが台無しになってしまう」ことを指摘した[30]。体罰は，カントのいう「威嚇，懲罰」を伴う肉体的罰であり，「道徳的な一般的教化」に馴染まないものである。カントによれば，道徳的な一般的教化の基礎に置く「模範，威嚇，懲罰など」は「訓練にすぎない」ことになる。学校教育法第11条但書（体罰の禁止）にいう体罰は，カントのいう「訓練」であったとしても禁止されていると解されるべきことである。

カントのいう道徳的教化は，「何が善で何が悪であるのかに関する概念」を「あらかじめ早くから子どもに教え込むようにしたほうがよい」ということに向けられている。カントはその上で，「道徳性を確立しようとするならば，〔子どもを〕罰するようなことは行ってはならない」と述べ，その根拠に「道徳性はとても神聖で崇高なもの」であることや，道徳的教育の第一の努力事項に「品性の確立」を挙げた[31]。

カントのこの論述は，道徳性を確立できないような罰を行ってはならないということ，品性の確立を保つことができる範囲内において，処罰を違反の程度に応じて行わなければならないことと解するのが妥当であろう。このことから体罰は，道徳性を確立できない行為であり，品性の確立を保つことができない処罰といえる。

カントは，「生徒の品性には何よりもまず従順さが重要である」ことを挙げ，「この従順さには二通りあって，第1の従順さは，すなわち指導者の絶対的意志に対する従順さであり，それに対して第2の従順さは指導者の理性的で善であると承認された意志に対する従順さである。」と述べた上で，後者の自発的な従順さがきわめて重要であると指摘した[32]。

体罰は，しばしば「指導者の絶対的意志に対する従順さ」を求めるプロセス

において発生する。だからこそ教師は児童生徒に「指導者の理性的で善である意志に対する従順さ」のみを求めることを心がける必要がある。そうであるなら，体罰に至ることはあり得ないであろう。

　カントは，人間は本来的に道徳的に善であるのか否かについては，そのどちらでもないと述べ，その理由に次のことを挙げた。[33]

> 人間は本来的には決して道徳的存在者ではなく，その理性が義務概念および法概念にまで到達する場合にだけ，道徳的存在者になる。

　このことからも教師は，学校教育法第11条但書（体罰の禁止）の法理念を「義務概念および法概念」として受け止め，道徳的存在者としての行為（道徳的善の行為）を選択できるように努める責務があるといえる。教師がこのような道徳的存在者になることができるようになれば，体罰の行使などあり得ない。

B：教師を追い詰める加担者の立ち位置の明確化と教育行為の多面性に鋭敏であろうとする態度

　親の教育に対する倫理的態度は，親がいかなる教育理念，教育観をもっているのかに大きくかかわっている。現状の親の教育に対する考え方や態度は次のカントの指摘によく表れている。カントは，「多くの両親はその子どもをあらゆることに習慣づけ」，「決して役に立つものではない」習慣づけが，多くの親によって子ども期の早い段階からなされており，「おとなになってからでも一定の性癖が身に付いてしまう」ことになっているという。その性癖は，さらに[34]多くの人々を巻き込み，悪循環として繰り返されることになる。ここに，教師を追い詰める加担者の立ち位置としての保護者の倫理的態度が問われることになる。

　今日の親子関係は，上記のカントの指摘がそのまま当てはまるように思われる。今日の子どもたちは，子ども期の最初の頃から学齢期に至るまで，わがままがほぼ叶う環境に置かれている。このような環境下で育った児童生徒に学校

はどう対処すればよいのか。基本的な生活習慣，躾，訓練（訓育），生徒指導等の面において，相当なエネルギーを要することは必然である。

このような環境下にあって，学校教育現場が体罰の危機に瀕していることは容易に理解できる。体罰への危機は，生徒指導に真正面から立ち向かおうとすればするほど，より現実的である。教師を追い詰める加担者の立ち位置としての保護者や児童生徒の倫理的態度が，ここでも問われているのである。

親による鞭によって，子どもが「表面的偽装および欺瞞の習慣を身に付けてしまう[35]」ことは，その後の人生に悪影響を及ぼすことになる。幼児期の鞭打ちの体験は少年期，青年期，壮年期に決してよい影響を与えない。虐待を受けてきた子どもがやがて虐待をする大人になる事例や，体罰を受けてきた児童生徒が体罰を行う教師になる事例はよく知られたことでもある。被体罰の体験が「感覚器官（感官）[36]」の負の訓練となってしまうことは必至である。ここにも，教師を追い詰める加担者の立ち位置としての保護者や児童生徒の倫理的態度が問われている。

9.1.4 エラスムス，ルソー，カントの教育論における教育の倫理的態度の共通性

エラスムス，ルソー，カントの教育観，人間観，子ども観には，共通点が多い。オランダ出身のエラスムス（1469～1536）は1500年前後に活躍した代表的な人文主義者，神学者，哲学者である。ルソー（1712～1778）は1750年前後にフランスで活躍した哲学者である。カント（1724～1804）は18世紀後半にドイツで活躍した哲学者である。ルソーとカントの活躍した時代はさほどの隔たりがないものの，ルソーやカントの時代とエラスムスの時代との隔たりはすこぶる大きい。中世の終わりの頃と近世の終わりの頃の違いである。にもかかわらず，これほどまでに三者の教育観，人間観，子ども観に共通点や類似点が多いのは，驚きである。あるべき教育観，人間観，子ども観，教育観は，時代が変わっても変わり得ない普遍性をもっているといえる。そうであるなら，現代から考えて古典的ともいえるこの三者の教育論に，学ぶ価値は大きいといっても過言ではない。今日においても十分に通用する教育理念がこの三者の教育論に満載さ

れているのである。それゆえに，三者の教育理念は，今日の体罰論においても十分に通用するものといえる。

次に，教師に求められる教育の倫理的態度を，エラスムス，ルソー，カントの教育観，人間観，子ども観，教育観に共通する教育理念として析出する。

エラスムスは，「人間は教授に向いた精神を与えられている[37]」こと，「入念にそしてよい時期に教え込むことが行われなければ，人間は無用の被造物になってしまう[38]」ことを述べた。

ルソーは「人間は教育によってつくられる」こと，「大人になって必要となるものは，すべて教育によって与えられる[39]」ことを挙げ，それゆえに，教師の資格については，「教師は生徒にふさわしく教育されていなければならない」ことを主張した[40]。

カントは，「教化されていない人間は〔文化的に〕粗野で未開なのであり，そして訓育を受けていない人間は野性的で粗暴なのである。」と述べた上で，「訓育をなおざりにすることは，教化をそうすることよりもさらに大きな悪にほかならない」ことを指摘し，「教化に関しては成長したあとからでも補って取り戻すことができるが，しかし野性的な粗暴さは取り除くことができず，しかも訓育における誤りは決して償うことができない」ことを強調した[41]。

このように，エラスムス，ルソー，カントの教育観，人間観は，「人間は教授に向いた精神を与えられている」こと，「人間は教育によってつくられる」こと，「教化されていない人間は〔文化的に〕粗野で未開なのであり，そして訓育を受けていない人間は野性的で粗暴なのである」ことからも明白であるように，人間は教育されなければならない存在であり，教育されなければ文化人になれないことにおいて共通している。この教育観，人間観は誰もが納得できることであり，いつの時代においても大切にされなければならないことである。

しかし，教育を早い時期に行うことにおいては，三者の考え方において微妙な違いが見られる。

エラスムスは「幼い子ども」の教育，早期教育を重視している。幼い子どもが何歳くらいまでを指しているのかは定かではないが，エラスムスが7歳までの早期教育を重視したことから，「7歳までの子ども」を想定することができ

第9章 教育の倫理的態度の追求と「体罰概念の混乱」の克服

る。

　カントは「人間とは教育されなければならない唯一の被造物である」と述べ，「養育（養護・保育）」と「訓練（訓育）」および「人間形成をともなった知育」の必要性を主張した[42]。このことからカントは，ルソーが「消極教育」「早期教育の否定」を基本的な教育理念としたのに対して，「積極教育」「早期教育の必要」を主張したものと捉えられる。その根拠は，「子ども期にみずからの意志のままに気ままに生活することが許されて，しかもその時にいかなる抵抗にもあわなかったとすれば，人間はその全生涯を通じてある種の野性的な粗暴さを持ち続けるであろう」「人間はその〔子ども期の〕早い時期から理性の指示にしたがうことに慣らされなければならない」「子ども期に母親の過剰な愛情で大事にされすぎることは，同じようにその人間のためにはならない」ことに求められる[43]。この点は，先に論述したエラスムスの教育論との類似性を指摘することができる。

　ところが，カントは早期教育の是非について，「一般的には，早期の教育はまさに消極的でなければならないということ，換言すれば，自然の配慮を越えてさらにもうひとつ別の〔作為的な〕配慮を付け加える必要はなく，自然をただ妨害しないようにすればよいということに留意しなければならない。」[44]，と述べている。カントのこの考え方は，ルソーの教育理念でもある「消極教育」「早期教育の否定」を支持するものと考えられる。カントは，早期教育肯定（積極教育）派なのか，それとも早期教育否定（消極教育）派なのか。カントの「もし〔早期の〕教育に作為が許されるとするならば，それは鍛錬という作為だけにすぎない」[45]という主張は，ルソーの早期教育の否定の考え方とは異なるものである。これは，カントが訓練（訓育）を重視する教育観の表れともいえる。この鍛錬が自己による鍛錬か他者による鍛錬なのかによって，解釈は大きく分かれることになる。後者の鍛錬は親（教師も同様）による子どもへの懲戒，その延長線としての体罰が想定される。この他者による鍛錬の発想はルソーの教育論には見当たらない。体罰がルソーのいう「自然」の要求に反する非教育的行為だからである。では，カントのいう鍛錬は何を意味しているのか。カントは，「子どもは自由に放任されていれば，さらに一層その身体を鍛

錬するもの」であり，「教育する場合には，子どもが軟弱になることを阻止するだけでよい」「軟弱さの反対が鍛錬である」「子どもをあらゆることに慣れさせようと強制するならば，それはあまりにも多くの危険がともなう」というのである[46]。このことから，カントのいう鍛錬は，ルソーのいう「消極教育」を否定するものではないことがわかる。基本的な教育理念は，ルソーもカントも同様であると捉えられる。

　このようにしてみると，早期教育の是非については，エラスムスが早期教育の重視（積極教育），ルソーが早期教育の否定（消極教育），カントが早期教育（積極教育）の必要性を主張しているかに見える。しかし，カントの教育論には，自然の要求に見合った「鍛錬」を必要とすることなどから，基本的にはルソーと同様の早期教育の否定（消極教育）を主張する図式が見えてくる。

　さらに，三者の教師観について言及する。

　エラスムスは，「苛酷な扱いによって子供を怯えさせる教師」を相応しくない教師とみている。苛酷な扱いとは，明らかに今日にいう体罰（肉体的苦痛を与える行為＝暴力）をイメージしているものと思われる。では，教師に相応しい教師とはどんな教師をいうのか。エラスムスは，「優しい扱いによって子供を魅惑し引き付ける教師」を相応しい教師として捉えている[47]。すなわちエラスムスは，体罰のような恐怖による教育ではなく，「自ずと生じる敬意によって次第に子供を引き付けていく[48]」ような教師，「文学的教養や上品さを備えた人間」「学識深く有徳で思慮深い人間」「知的・道徳的に陶冶された人間」を求めているのである[49]。

　ルソーは，よい教師の資格を「金で買えない人間」として捉え，教師を「金のためにということではできない職業」「金のためにやるのではそれにふさわしい人間でなくなるような高尚な職業」と定義した。教師たる者はそれほどまでに「崇高な人」「人間以上の者」でなければならないということである。ルソーのいう「教師は生徒にふさわしく教育されていなければならない」との指摘はとりわけ説得力がある[50]。

　カントは「人間は教育によってはじめて人間になることができる」こと，「人間は人間によってのみ教育される」こと，「教育を受けた人間によってのみ

第9章　教育の倫理的態度の追求と「体罰概念の混乱」の克服

教育される」ことを述べている[51]。またカントは，「自己自身を改善すること，自己自身を教化すること，そしてみずからが〔道徳的に〕悪である場合には自己自身で道徳性を身に付けるようにするということ」が人間の行うべき義務であることを指摘した[52]。この指摘は今日の教員（学校教師）に求められる資質であり，義務でもある。

　これらのことから，エラスムス，ルソー，カントの教師観は，「教師は生徒にふさわしく教育されていなければならない」ことにおいて一致しているといえる。

9.2　「体罰概念の混乱」の克服

　これまでに述べてきた体罰概念に関わる行政解釈，学説，判例の要旨をここに再掲し，体罰概念の混乱状況の概観を示す。

　1948（昭和23）年に出された法務府法務調査意見長官の通達「児童懲戒権の限界について」が，今日においても，日本における体罰概念の主流をなしている[53]。この行政解釈は，学説，判例においてもしばしば引用され，通説となっている。そこに見られる体罰概念は次のとおりであった。

　学校教育法第11条にいう「体罰」とは，懲戒の内容が身体的性質のものである場合を意味するものである。具体的には，

　① 身体に対する侵害を内容とする懲戒――殴る・蹴るの類
　② 被罰者に肉体的苦痛を与えるような懲戒――長時間にわたる端坐・直立等の場合

である〔下線部は執筆者（竹田）による。本書 pp. 128-130の下線部については，pp. 150-154で触れる〕。

　しかし，①はともかく，特定の場合が②の意味の「体罰」に該当するかどうかは，機械的に判定することはできない。そこで，通達は，「当該児童の年齢・健康・場所的及び時間的環境等，種々の条件を考え合わせて肉体的苦痛の有無を判定しなければならない」とした。この通達の根拠が，学校教育法施行規則第13条第1項「校長及び教員が児童等に懲戒を加えるに当たっては，児童

等の心身の発達に応ずる等教育上必要な配慮をしなければならない」であることはいうまでもない。

　また上記の通達を受けて、体罰該当性の判断基準を具体的に示したものとしては、1949（昭和24）年に出された法務府の通達「生徒に対する体罰の禁止に関する教師の心得」がある[54]。その具体が次の7項目である。

　① 用便に行かせなかったり食事時間が過ぎても教室に留め置くことは肉体的苦痛を伴うから体罰となり、学校教育法に違反する。

　② 遅刻した生徒を教室に入れず、授業を受けさせないことはたとえ短時間でも義務教育では許されない。〔このことは体罰に無関係なことであり、学習権の保障に違反する問題として扱われるべき事項である[55]。〕

　③ 授業時間中、怠けたり、騒いだからといって生徒を教室外に出すことは許されない。教室内に立たせることは体罰にならない限り懲戒権内として認めてよい。

　④ 他人の物を盗んだり、壊したりした場合など、懲らしめる意味で、体罰にならない程度に、放課後残しても差し支えない。

　⑤ 盗みの場合などその生徒や証人を放課後訊問することはよいが、白白や供述を強制してはならない。〔このことも体罰に無関係なことであり、人権問題として扱われるべき事項である[56]。〕

　⑥ 遅刻や怠けたことによって掃除当番などの回数を多くするのは差し支えないが、不当な差別待遇や酷使はいけない。〔このことも体罰に無関係なことであり、人権問題として扱われるべき事項である[57]。〕

　⑦ 遅刻防止のための合同登校は構わないが、軍事教練的色彩を帯びないように注意しなければならない。〔このことも体罰に無関係なことであり、人権問題として扱われるべき事項である[58]。〕

　また、体罰を法概念として把握し、その法的意義と構成要件を明確にする教育法的意味を追究したものとして、以下のような学説（今橋の理論）がある[59]。そこに見られる体罰概念は次のとおりである。

　① 学校教育法関係の下で、
　② 教員が、直接または間接に、生徒らに対して行う

③ 教育目的をもった（「正当な」教育目的性が客観的に認められること）
④ 懲戒行為のうち（「教育的・法的に妥当な」懲戒行為）
⑤ 生徒らの肉体に苦痛を与える行為（肉体的苦痛は，被罰者たる当該生徒らにとっての苦痛の知覚によって判断されるべきことであって，加罰者たる教員の主観的・推量的判断によって肉体的苦痛が否定されるべきことではない）

①～④は体罰該当性の前提要件，⑤は実体的要件である。①～④がすべて成立し，⑤が成立した時，その懲戒行為は体罰と解され，違法の判断を受ける。①～④のいずれかが成立せず，⑤が成立する場合は，その行為は体罰問題としてではなく，暴行・傷害行為，不法行為問題としてのみ扱われる。

しかし，この学説も前記③，④，⑤の文言からはその判断基準が明らかでなく，体罰の限界がはっきりしないことが指摘される。そこで，今橋は，上記の体罰概念をベースに，体罰問題を裁判として争う場合の争点を次のように示した。[60]

① 懲戒としてなされた教師の行為はどういうものであったか（何で，生徒の身体のどの部分をどの程度，何回殴ったか等）
② 子ども・生徒の肉体的苦痛，身体的損傷，精神的損害の程度・内容
③ 教師の行為と結果の相当因果関係

これら三つの中心的争点との関係で，

④ いかなる状況の下で
⑤ いかなる子ども・生徒の言動に対して
⑥ どのような判断と目的をもって，懲戒・体罰をしたのか

この争点は，先の行政解釈や学説よりも具体的であり，判断基準のポイントをより明確に示すものとして捉えられる。

これらのことからも明らかであるが，兼子がいうように，「現行法制の下では，児童生徒の人格尊重と非権力的教育観の見地にそくし，「肉体的苦痛を与える懲戒」をひろく体罰とみる解釈」は学説として確定しているものの，その[61]判断基準は明らかでなく，いわゆる「精神的体罰」（精神的苦痛）が法概念としての体罰に該当するか否かの問題（言葉や命令による精神的打撃・損失な

ど）や，「体罰」に該当する体罰行為は許されないという解釈を認めた上で，「体罰」には至らない体罰的行為，法的に許容された体罰的行為が存在しうるか否かという問題（スキンシップ論，愛のムチ論等）など未解決の問題が残されている。この問題は，法解釈決定機関である裁判所の判断（「判例」）においても解決を見ていない。戦後の体罰事件判例の動向にとって大きな転換点となった二つの判例［大阪高裁判決（1955年）と東京高裁判決（1981年）］がそのことをよく物語っている。

なぜなら，これら二つの判例は同様の体罰事案でありながら，長谷川幸介が指摘するように，「「教育法理」の機能が異なり，罰則適用について全く正反対の結果を導き出している」からである。大阪高裁判決（1955年）は法理論に忠実であったが，東京高裁判決（1981年）はきわめて教育論的であった。

大阪市立桜宮高等学校男子生徒の体罰死事件を契機に，文部科学省が行った「体罰の実態調査」［平成25年8月9日に，平成24年度に発生した体罰の状況（国公私立を対象にした調査結果）を公表］によって，体罰問題が教育法に関わる重大な教育問題として注目されるようになったことは，前記の大阪高裁判決（1955年）を彷彿させるものである。少なからず，学校教師に学校教育法第11条但書（体罰の禁止）への認識を高めさせる結果となった。

しかし，学校教師の「体罰の禁止」の自覚は未だ十分とはいえない。そうした中にも，以前の実態と確実に異なっているのは，学校教師を取り巻く環境の変化，すなわち保護者，教育委員会，教育学者，世論等の体罰を許さないとする動向がにわかに高まりを見せていることである。この動きは，学校教師に，学校教育法第11条但書（体罰の禁止）の違反に対する厳しい行政的措置や法的責任が課せられるようになったことと対応している。すなわち，「教育目的」の名の下に「体罰」が罷り通るような余地が少なくなってきたということである。

にもかかわらず，学校教育現場で体罰の実態が依然として存在するのはなぜなのか。体罰が法で禁止されていても，結果的にそれを無視させるものは一体何なのか。ここに教育論と法理論をめぐる体罰論の混乱状況を指摘することができる。教育論と法理論の接点ともいうべきものが求められなければならない

理由がここにある。それは，体罰を本来あるべき教育法現象として扱うということである。その際，今橋のいう「学校教育法第11条の但書規定は，教育目的をもった懲戒行為であっても，その方法としては，体罰を用いてはならないとしているところに法的意味が認められる。」[63]との指摘が重要である。

　教育論と法理論の接点を求めることへの課題は，今橋が指摘する「「体罰」に該当する体罰行為は許されないという解釈を認めた上で，「体罰」には至らない体罰的行為，法的に許容された体罰的行為が存在しうるか否かという問題が残されつづけている」[64]ことへの挑戦でもある。

　「体罰的懲戒」をこそ「体罰」と認識しなければならないのではないか。「体罰には至らない体罰的行為」や「法的に許容された体罰的行為」が存在するかのような体罰許容の余地を見い出そうとすることがあってはならない。体罰肯定論者を元気づけるような教育論を体罰許容の理由にしてはならないのである。東京高裁判決（1981年）は，法理論に配慮することなく，「スキンシップ論」「愛のムチ論」「教育目的論」「教育効果論」等の教育論によって体罰に寛大な措置を下すこととなった。この判決は当時の対教師暴力などに見られる校内暴力が盛んな時代を反映するものとなったのである。

　体罰肯定の理由を「愛のムチ論」や「スキンシップ論」のような感情的な教育論に求めてよいのか。真の意味の教育論は教育についての確かな理論，誰もが納得のできる普遍的な教育理念に求められなければならない。執筆者（竹田）の教育倫理学的アプローチによる体罰概念の構築の構想は，ここに根拠がある。具体的には，エラスムス，ルソー，カントの古典的な教育論から非体罰の概念を倫理学的に析出し，そこから学校教育法第11条但書（体罰の禁止）の意味と意義を明らかにし，体罰論をめぐる教育論と法理論の接点を求めるべく，「体罰概念の妥当性」を追求することである[65]。

　次にエラスムス，ルソー，カントの教育論に見られる体罰否定の考え方をまとめる。（ここで，本書 pp. 128-130の下線部について触れる。→ pp. 150-154を参照されたい。）

第Ⅱ部　体罰概念の明確化と混乱の克服

9.2.1　エラスムスの教育論にみられる体罰否定の考え方

　エラスムスは，「苛酷な扱いによって子供を怯えさせる教師」を相応しくない教師とみており，「優しい扱いによって子供を魅惑し引き付ける教師」を相応しい教師として捉えている。[66]すなわちエラスムスは，体罰のような恐怖による教育ではなく，「自ずと生じる敬意によって次第に子供を引き付けていく[67]」ような教育を教師に求めているのである。

　またエラスムスは，幼い子供（7歳までの段階と想定される）への体罰が，「成人した後にも勉学を憎む行為を示すようになる」などの悪影響を及ぼすこと[68]や，「鞭打ちに慣れることほど子供に有害なものはない」こと，「過度に鞭打ちを行う場合には，才能のある子供の取扱いが難しくなり，絶望へと追い込んで無気力にしてしまう」こと，「過度の鞭打ちを絶えず頻繁に行う場合には，身体を鞭打ちに対して無感覚にし，精神を言葉に対して無感覚にしてしまう」ことなどの体罰の悪影響を指摘している。[69]

9.2.2　ルソーの教育論にみられる体罰否定の考え方

　ルソーは，「明らかに害をくわえようとする意図をもってあたえられたあの平手打ちほど耐えがたいもの[70]」はないことを挙げ，体罰が自然の要求に反する行為であり，自然の要求に反する形で社会的な教育が為された時，教育は人間を悪くし，堕落させることを指摘している。

　学校教育法第11条にいう「懲戒」は，ルソーのいう「自然の要求」に見合うもののみを認めている教育的行為であって，「自然の要求」に反するような非教育的行為は「体罰」として禁止されていると解するのが妥当である。すなわち学校教育法第11条で認められている懲戒権は，今橋のいう「正当な教育目的性，教育的・法的に妥当な懲戒行為という制約がかかっている[71]」ことを理解していなければならないのである。重要なのは，学校教育法第11条但書が，たとえ教師の懲戒行為に教育目的性を認めることができるとしても，肉体的苦痛を与えるような行為を「体罰」として禁止しているということである。

　ルソーの体罰否定の考え方は，次のことによく表れている。[72]

第9章　教育の倫理的態度の追求と「体罰概念の混乱」の克服

どんな罰もくわえてはならない，生徒は過ちをおかすとはどういうことか知らないのだから。決してあやまらせようとしてはならない，生徒はあなたがたを侮辱するようなことはできないのだから。その行動にはいかなる道徳性もないのだから，生徒は罰をうけたり，しかられたりするような，道徳的に悪いことはなに一つすることができない。

このことを今日の体罰論に置き換えて捉えるならば，「生徒は過ちを犯すことがどういうことなのかを知らないで行動するのだから，体罰を加えてはならない。生徒は教師を侮辱するようなことができないのだから，体罰を加えて謝らせるようなことをしてはならない。生徒の行動にはいかなる道徳性もないのだから（生徒は道徳的に悪いことを何一つすることができないのだから），体罰を加えたり，叱ったりしてはならない。」ということになろうか。ルソーの自然の要求に見合った教育観，人間観，子ども観がみてとれる。教師には，生徒とはこのような存在（発達段階）である，との認識をもって教育活動にあたることが求められているのである。

9.2.3　カントの教育学にみられる体罰否定の考え方

カントは，「教化されていない人間は〔文化的に〕粗野で未開なのであり，そして訓育を受けていない人間は野性的で粗暴」であることを述べた上で，「訓育をなおざりにすることは，教化をそうすることよりもさらに大きな悪にほかならない」ことを指摘し，「教化に関しては成長したあとからでも補って取り戻すことができるが，しかし野性的な粗暴さは取り除くことができず，しかも訓育における誤りは決して償うことができない」ことを強調した。[73]

今日の生徒にも，「訓育のなおざり」が見られる生徒が少なくない。これらのタイプの生徒は粗暴な行動をとることが多く，ここに，「訓育のなおざり」による生徒の問題行動とそのことに伴う体罰の危険性の問題がある。一方，教師にも，生徒と同様に，教化（知育）よりも訓育（訓練）がなおざりにされて大人になったためなのか，生徒の心のわからない教師が増えているように思われる。体罰に至らない教育を成立させるためには，生徒と教師の双方にみられ

る「訓育のなおざり」が克服されなければならない。

カントは，人間は，「善に向かう素質をまず第一に発展させなければならない」ことを挙げ，「自己自身を改善すること，自己自身を教化すること，そしてみずからが〔道徳的に〕悪である場合には自己自身で道徳性を身に付けるようにするということ，これらが人間の行うべき義務」であることを指摘した[74]。このことは「訓育のなおざり」を克服する一つの方法として捉えられる。

またカントは，「教育の最も重要な問題のひとつは，法的強制に服従することと自己自身の自由を使用する能力とをいかにして統合できるのかということである。」と述べ，「生徒を自由という強制に耐えるように慣らしてやると同時に，みずからの自由を正しく使用するように生徒自身を指導すべきである。こうしたことが行われなければ，すべて〔の教育活動〕はたんなる機械論にすぎず，教育を終えたひとでもその自由を使用することができない。」ことを指摘した[75]。その根拠は，「生徒は早い時期から社会の避けがたい抵抗を感じ取る必要がある」[76]ことに求められる。そのためにも，教師は体罰を行使することによって，生徒から自由を奪うことをしてはならないのであり，教師は，生徒が自らの自由を正しく使用するように，生徒を正しく指導しなければならないのである。

さらにカントは「教育は強制的でなければならないが，しかしそうであるからといって奴隷的であってはならない」[77]ことを指摘した。体罰は物理的な力を伴う強制的な非教育的行為であり，人が人を鞭打つ奴隷的行為である。カントのいう「教育は強制的でなければならない」ことについては，学校教育法第11条本文にいう「懲戒権」内に属することと理解しなければならない。

体罰は，カントのいう「威嚇，懲罰」を伴う肉体的罰であり，「道徳的な一般的教化」に馴染まないものである。カントによれば，道徳的な一般的教化の基礎に置く「模範，威嚇，懲罰など」は「訓練にすぎない」ことになる。学校教育法第11条但書（体罰の禁止）にいう体罰は，カントのいう「訓練」をもってしてもなお禁止されなければならないこととして受け止められなければならない。それゆえに，「体罰に至らない懲戒」や「体罰に該当しない懲戒」の存在を是認する動きには警戒しなければならない。

カントのいう道徳的教化は、「何が善で何が悪であるのかに関する概念」を「あらかじめ早くから子どもに教え込むようにしたほうがよい」ということを意味している。カントはその上で、「道徳性を確立しようとするならば、〔子どもを〕罰するようなことは行ってはならない」ことを指摘し、その根拠に「道徳性はとても神聖で崇高なもの」であることを挙げた。また、カントは、道徳的教育の第一の努力事項として「品性の確立」を挙げ、「品性の本質は格率にしたがって行為する能力という点にある」ことを指摘した。しかしカントは一方で、「処罰は常に違反の程度に対応している必要がある」としながらも、「いかなる校則違反も罰せられずに見のがされてはならない」ことを主張した。[78]

カントのこの論の前者と後者は一見して矛盾しているように思われるが、決してそうではない。罰する行為の中身と方法の問題である。道徳性を確立できないような罰は行ってはならないのであって、品性の確立を保つことができる範囲内において、処罰は違反の程度に応じて行われなければならないのである。体罰は、道徳性を確立できない行為であり、品性の確立を保つことができない処罰である。[79]

体罰は、しばしば「指導者の絶対的意志に対する従順さ」を求めるプロセスにおいて発生しがちである。教師は児童生徒に「指導者の理性的で善である意志に対する従順さ」を求めるものでなければならない。

さらにカントは、「怒りの表情や動作をともなって行われる処罰は、誤った影響をおよぼす」ことや、「そのような場合、子どもはその処罰を結果としか見なさず、しかも自己自身を他者の情動の対象と見なしているにすぎない」ことを指摘した。その上で、「そもそも処罰は子どもに対してはつねに慎重に注意深く加えられ、その処罰の究極目的は子どもをより善くすることだけにあるということが子ども自身にわかるようにしなければならない」ことを強調した。[80] このことからも、体罰がいかに非教育的な行為であり、児童生徒に受け入れられることのない悪影響を及ぼす行為であるのかが容易に理解できる。たとえ体罰の究極目的が子どもをより善くすることにあり、子どもがそのことを理解していたとしても、学校教育法第11条但書は体罰を認めていないのである。その重みを知るべきである。

第Ⅱ部 体罰概念の明確化と混乱の克服

注

1) 越智貢「倫理学の見直しと学校のモラル」上廣倫理財団（編）『倫理的叡智を求めて』東洋館出版社，2007年，p. 24から抜粋。
2) 同上書，pp. 26-27から抜粋。
3) 同上書，p. 29。
4) 越智貢「モラルの教育」越智・秋山・谷田・衛藤・上野・後藤・上田『教育と倫理』ナカニシヤ出版，2008年，p. 13。
5) エラスムス（著），中城進（訳）『エラスムス教育論』二瓶社，1994年，p. 8から抜粋。
6) 同上書，p. 67。
7) 同上書，p. 68から抜粋。
8) 同上書，p. 228から抜粋。
9) 同上書，p. 17。
10) 同上書，p. 34。
11) 同上書，pp. 1-143。
12) 同上書，p. 60。
13) 同上書，p. 61。
14) 同上書，p. 68。
15) 同上書，p. 73。
16) 同上書，pp. 145-195。
17) 同上書，pp. 146-160。
18) 同上。
19) ルソー（著），今野一雄（訳）『エミール上』（岩波文庫33-622-1）岩波書店，1962年，pp. 58-59から抜粋。
20) 同上書，p. 167から抜粋。
21) 同上書，p. 193。
22) 同上書，p. 202。
23) 同上書，p. 233。
24) 同上書，p. 56から抜粋。
25) カント（著），湯浅正彦・井上義彦・加藤泰史（訳）『カント全集17　論理学・教育学』岩波書店，2001年，p. 217から抜粋。
26) 同上書，p. 219から抜粋。
27) 同上書，p. 221から抜粋。

第9章 教育の倫理的態度の追求と「体罰概念の混乱」の克服

28) 同上書，p. 226。
29) 同上書，p. 241。
30) 同上書，p. 275。
31) 同上書，p. 284から抜粋。
32) 同上書，p. 285から抜粋。
33) 同上書，p. 304。
34) 同上書，p. 255から抜粋。
35) 同上書，p. 251。
36) 同上書，p. 262。
37) エラスムス，前掲『エラスムス教育論』，p. 16。
38) 同上書，p. 17。
39) ルソー，前掲『エミール上』，pp. 28-29から抜粋。
40) 同上書，p. 59。
41) 同上書，p. 222から抜粋。
42) 同上書，p. 217から抜粋。
43) 同上書，p. 219から抜粋。
44) 同上書，p. 247。
45) 同上書，p. 247。
46) 同上書，p. 254から抜粋。
47) エラスムス，前掲『エラスムス教育論』，p. 8から抜粋。
48) 同上書，p. 67。
49) 同上書，p. 228から抜粋。
50) ルソー，前掲『エミール上』，pp. 58-59から抜粋。
51) カント，前掲『カント全集17 論理学・教育学』，p. 221から抜粋。
52) 同上書，p. 226。
53) 本書の第4章（日本の体罰論をめぐる問題点と課題）の4.1（体罰概念の混乱―教育論と法理論の混在）を参照（p. 30）されたい。
54) 本書，pp. 19-20を参照されたい。
55) 執筆者（竹田）の見解。
56) 同上。
57) 同上。
58) 同上。
59) 本書，pp. 20-21を参照されたい。［今橋盛勝「体罰の法概念・法意識・法規範・

法関係」牧柾名・今橋盛勝（編）『教師の懲戒と体罰』エイデル研究所，1982年，pp. 54-56]。

60) 本書，p. 25を参照されたい。[今橋盛勝「体罰・体罰事件・裁判記録・判決を問うことの意味」今橋盛勝・安藤博（編）『教育と体罰』三省堂，1983年，p. 17]

61) 兼子仁『教育法（旧版）』有斐閣，1963年，p. 148。

62) 長谷川幸介「体罰判例の教育法的検討」牧柾名・今橋盛勝（編）『教師の懲戒と体罰』エイデル研究所，1982年，p. 139。

63) 今橋，前掲「体罰の法概念・法意識・法規範・法関係」，p. 56。

64) 今橋盛勝『学校教育紛争と法』エイデル研究所，1984年，pp. 27-28。

65) 本書，p. 3を参照されたい。

66) エラスムス，前掲『エラスムス教育論』，p. 8から抜粋。

67) 同上書，p. 67。

68) 同上書，p. 68。

69) 同上書，p. 81から抜粋。

70) ルソー，前掲『エミール上』，p. 100。

71) 牧・今橋，前掲『教師の懲戒と体罰』，p. 56。

72) ルソー，前掲『エミール上』，p. 167。

73) 同上書，p. 222から抜粋。

74) 同上書，pp. 225-226から抜粋。

75) 同上書，pp. 237-238から抜粋。

76) 同上書，p. 238。

77) 同上書，p. 269。

78) 同上書，p. 284から抜粋。

79) 同上書，p. 285から抜粋。

80) 同上書，p. 288から抜粋。

補説　道徳的考察とミュージカル

　執筆者（竹田）は，平成21～24年度の4年間，校長として，三原市立第二中学校（三原駅から近い所に位置する生徒数400超規模の学校）でミュージカル教育（ミュージカルの創作による道徳教育）に取り組んできた。三原市の伝統文化「三原やっさ」をベースにした創作ミュージカル「響き合う〝やっさ〟の青春」である。[1]

　ミュージカルの創作による道徳教育は文部科学省のいう「グローバル人材の概念を形成する要素」[2]や「これからの社会の中核を支える人材に共通して求められる資質」[3]の視点を包含する重要な教育活動であり，生徒，教師，保護者，市民の道徳性を高めるべく，教育の倫理的態度を形成することにおいても価値のある教育活動といえる。

　子どもは子どもらしく現在の道徳性の発達段階に見合った受け止め方をするものである。そうであるなら，教育は児童生徒の発達段階や目線に立って行わなければならない。ミュージカルの創作は決して生徒に高い価値を一方的に教え込んだり，それが生徒にとって消化できないものであったり，受け入れ難いものであったりすることはない。生徒は次第に脚本に描かれている意図を見い出すべく，思考・判断・表現するようになる。大人のキャストやスタッフを含めた子どもと大人，子どもと子どもの相互作用の賜物である。

　またミュージカル効果として，ミュージカル創作のプロセスにおいて体罰不要の示唆を得たことが挙げられる。その根拠は，ミュージカル創作のプロセスにおいて生徒指導を必要とする場面が多々あったものの，体罰につながるケースは皆無であったことにある。その要因の一つとして，複数の指導者（演出家・教員・保護者・市民）による生徒への多面的・多角的・総合的な指導の効果が挙げられる。体罰を起こさせない環境づくりができていたといえるのである。

　詳細については，次の【資料2】（三原市立第二中学校におけるミュージカル創作の記録）を参照されたい。

第Ⅱ部　体罰概念の明確化と混乱の克服

【資料2】　三原市立第二中学校におけるミュージカル創作の記録

　今日，教育を語るとき，「絆」は欠かせないキーワードとなっている。2011（平成23）年3月11日，記憶に止め今後に生かすべき東日本大震災の教訓，人や地域の絆をよりどころとする被災地発の教育モデルはすべての学校，地域において共有されなければならない。

　このことは，中国新聞社論説委員の石丸賢氏が，三原市立第二中学校の創作ミュージカルを取材し，2011（平成23）年9月4日付の朝刊（24面「解説・評論」）で述べた「無縁化するコミュニティー，子どもの心をつかみあぐねる学校や家庭〔中略〕。すさむ現実に，誰もが焦る。」ことへの教訓でもある。

　石丸氏の論説はさらに続く，「総合芸術の一つに数えられるミュージカル。芝居に歌，ダンスで舞台を盛り上げる。照明や効果音，道具作りに加えて宣伝のチラシ作りなど，どの生徒にも「一人一役」の出番と責任を用意する。連帯感を醸すための種まきなのだろう。」「演じ手は地域からも募っている。昨年の公演に感激し，ことしはPTA会長や民生児童委員も出演する。名前さえ知らなかった生徒と待ち時間におしゃべりが弾む住民たち。「地域で出会えばつい笑顔になる」と互いに感想が出るのは，心の糸がつながりだした証にみえる。」「脚本と配役，音楽にステージ。すべてがそろったとき，ミュージカルの幕は開く。その舞台をコミュニティーに，配役を住民に置き換えて考えられないか，と思う。」「含蓄に富むミュージカル教育の手法は，地域づくりにも十分応用できそうな気がする。」

　この石丸氏の論説は，執筆者（竹田）が主催したミュージカルを，「絆を生む舞台の一体感」と題し，ミュージカル教育として紹介したものである。執筆者（竹田）の思いを実に的確に表現している。

① ミュージカル創作の構想と道徳教育[4]

　ミュージカル創作の構想は，中1ギャップ[5]の解消や校訓「響き合う二中っ子」の実現を図るべく，「個性の伸長」「人間愛」「人格の尊重」「感謝」「社会連帯」「役割と責任の自覚」「集団生活の向上」「集団の一員としての自覚」「愛

140

補説　道徳的考察とミュージカル

図1　［民話］「里の者たちを苦しめる者は容赦しない」と語る小早川隆景

校心」「郷土愛」を培うための道徳教育の推進にある。

　ミュージカル創作のメンバーは，一年生全員と教員，保護者，市民（三原やっさ振興協議会の指導員を含む），そしてプロの脚本家・演出家・声楽家である。

　このミュージカルは，既成の脚本・演出によってその完成度を高めるものではない。脚本は，プロの脚本家に依頼して，「三原やっさ」の450年の歴史（小早川隆景の三原城の築城祝いとして三原の民衆が踊った「やっさ踊り」）とその当時の民話をベースに，「誇り」「絆」「正義」「誠実」「思いやり」をもって生き抜くことの大切さを描いたものである。そして，プロの演出家による，4月から11月までの8ヵ月にわたる熱き創作のプロセスが続く。このプロセスを経て，生徒たちは最高の舞台（ポポロ〈三原市芸術文化センター〉）に立つ。そして輝く。舞台の表と裏，すべての構成員が主役である。

② ミュージカル創作のねらい・目的・意義[6]

　このミュージカルは，生徒に校訓の精神ともいえる「響き合うとはどういうことなのか」を早い段階で感得させるねらいがある。そのためには，総合的な学習の時間で創作するミュージカルと道徳の時間（道徳授業）の接続が不可欠である。

図2　エピローグ「三原やっさ振興協議会の指導員と1年生」

　ミュージカル創作の目的は二つある。一つは創作のメンバーである生徒・教員，保護者・市民，脚本家・演出家・声楽家が創作過程での相互作用（対話）を通して「響き合う」こと，今一つは生徒が三原市の伝統文化とのかかわりを深め，その後継者としての自覚を高める（「郷土愛」を育む）ことである。このことを単に体験活動として終わらせるのではなく，道徳授業に接続させて道徳的価値を追究することによって，体験の経験化（体験の知的加工をなすことによって体験の価値を獲得し，体験の意義を見い出すこと）を図っている。
　ミュージカルは音声表現，言語表現，身体表現を必要とする総合的な芸術である。生徒はそれぞれの役割（キャスト・合唱・舞台美術・大道具・小道具・衣装・音響・映像・照明・広報・ダンス・和楽器・オーケストラ・舞台助監督等）を自覚し，各教科等で習得した知識・技能を活用・探究することを通して，完成をめざす。
　ミュージカル創作の意義は，生徒が仲間や大人（演出家，キャスト〈保護者・市民〉，三原やっさ振興協議会の指導員，教員など）と切磋琢磨し合うことによって，道徳性・感性・社会力・コミュニケーション力・論理力（論理的な思考力・判断力・表現力）を身につけることにある。

補説　道徳的考察とミュージカル

③ ミュージカル創作の実際[7]

　生徒は最高の舞台で最高のミュージカルを披露する。毎年，脚本の内容（物語）が進化していることに伴い，生徒・教員・市民（地域住民）相互の「絆」も深化している。

　かつてのクレーマーは今やサポーターに変身している。クレーマーから苦言ばかりを聞かされた数年前とは大きく異なる。

　開かれた学校づくりが，これほどまでに家庭・地域から信頼されることに結び付くとは，予想以上のことであった。生徒指導上の問題に追われ，教職員の心身が疲弊していたとき，執筆者（竹田）は逆転の発想をもって，学校経営の舵取りをした。「面舵いっぱい」といったところであったろうか。保護者や市民（地域住民）にしっかり学校に入っていただき，率直なご意見とご示唆をいただくことにしたのである。

　ミュージカルの創作は，このような状況下にあってスタートし，2年目にして軌道に乗った。規範に最も背を向けたがる思春期の中学生に，何がフェアなのかを考えさせることは重要である。生徒たちは，約800名の市民の前で，鳥肌が立つほどの見事なミュージカルをやってのけた。

　歌って踊って語るミュージカル。すべての構成員がそれぞれの役割を自覚し確実にその責任を果たさない限り，ミュージカルは成り立たない。何が彼らをこれほどまでに成長させるのであろうか。

　プロの脚本家，演出家，声楽家の力はいうまでもない。プロの指導のもと，生徒と生徒，生徒と大人（保護者・市民・教員がキャスト並びにサポーターとして参加）による相互作用（対話）の力も大きい。一流の劇場（ポポロ〈三原市芸術文化センター〉）に立つことも大きな効果といえる。

　4月にスタートし，11月の本番を迎えるまでの約8ヵ月間，生徒は幾多の試練を乗り越えなければならない。その道のりは決して平坦ではない。だからこそ，やり遂げたときの達成感や成就感はこの上もない喜びとなる。

④ 総合単元的な道徳学習と道徳授業[8]

　道徳教育は道徳の時間（道徳授業）だけでできるものではない。道徳教育の

第Ⅱ部　体罰概念の明確化と混乱の克服

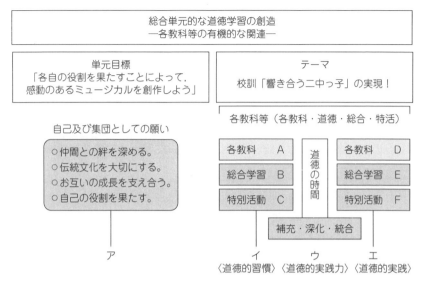

ア…児童生徒が単元目標に係る自己及び集団としての願いをもつ。
イ…児童生徒が単元目標や願いを意識して各学習活動に立ち向かう。　― 道徳的習慣
ウ…道徳の時間で，テーマ「響き合うこと」に係る道徳的価値及びそれに基づいた「人間としての生き方」(「自己の生き方」)についての自覚（考え）を深める。その際，事前の学習活動（体験活動等）における自己の立ち向かう姿について内省し，自己の課題をもつ。（児童生徒の内面において道徳的価値に係る補充・深化・統合が図られるようにする。）　― 道徳的実践力
エ…自己の課題を次なる学習活動に生かし，自己のよさを発揮する。　― 道徳的実践

図3　ミュージカルに係る総合単元的な道徳学習

要である道徳の時間（道徳授業）は，教科，総合的な学習の時間，特別活動との有機的な関連を図る「総合単元的な道徳学習」によって，効果を上げることができる（図3）。

　三原二中のミュージカル教育は，総合単元的な道徳学習そのものである。総合的な学習の時間を通して創作するミュージカルは，各教科等の有機的な関連を図ることによって，厚みのある道徳教育となる。5時間に1時間の割で道徳授業を位置づけ，その前後に各教科，総合的な学習の時間，特別活動を位置づけることによって，各教科等横断的・総合的な学習が可能になる（図4）。

　道徳授業の資料には，ミュージカル創作に関わる生徒の感想文が活用できる。主題名「二中生としての自覚」，内容項目4-(4)「役割と責任の自覚，集団生

補説　道徳的考察とミュージカル

平成24年度　第1学年総合単元的な道徳学習の構想図

三原市立第二中学校

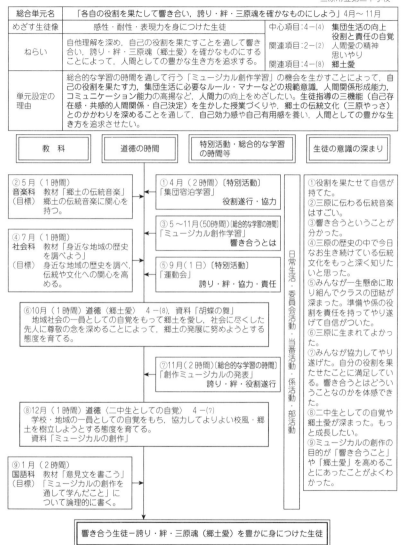

図4　ミュージカルに係る総合単元的な道徳学習の構想図

図5　道徳資料「創作ミュージカル」（中国新聞，2012.12）

活の向上」・4-(7)「愛校心」・4-(8)「郷土愛」，資料名「創作ミュージカル」はその一例である（図5）。

⑤ ミュージカル教育の成果[9)]

　生徒は，ミュージカルの創作を通して，仲間や大人（地域住民・教員等）との「絆」を深め，母校や郷土への「誇り」を高めていく。ミュージカル創作のプロセスそのものが道徳教育であり，総合単元的な道徳学習が道徳授業をいっそう輝くものにする。貴重な体験を体験のみで止めるのではなく，体験の意味・意義（道徳的価値）を追究する道徳授業を通して，生徒は，「響き合うこと」（役割と責任の自覚，愛校心，郷土愛）をより確かなものにしていく。体験の経験化である。

　教育の倫理的態度（教師の立ち位置，教師を追い詰める加担者の立ち位置を

明確にすることによって，教育のもつ暴力性を意識しようとする態度，教育行為の多面性に鋭敏であろうとする態度）は，このような具体的な取組の中で培われるものではないであろうか。そのためには，学校が開かれていなければならない。生徒は，大人（教師，保護者，地域住民等の市民）との接点をもつことが重要であり，大人も学校に入って生徒理解を図ることが重要なのである。このように生徒と大人の相互作用を通して，教師も，保護者も，市民も道徳性を高めることが可能になる。

このようにして成立した学校文化は，体罰を否定する文化として機能し，体罰を容認する土壌を一掃することになる。

注

1) 執筆者（竹田）は，平成18～20年度の3年間においても，東広島市立高美が丘中学校の校長として，ミュージカル教育（ミュージカルの創作による道徳教育）に取り組んだ。

2) 要素Ⅰ：語学力，コミュニケーション能力，要素Ⅱ：主体性・積極性，チャレンジ精神，協調性・柔軟性，責任感・使命感，要素Ⅲ：異文化に対する理解と日本人としてのアイデンティティー。

3) 幅広い教養と深い専門性，課題発見・解決能力，チームワークと（異質な者の集団をまとめる）リーダーシップ，公共性，倫理観，メディア・リテラシー等。

4) 竹田敏彦「ミュージカルの創作による道徳教育①」『道徳教育2月号 No. 668』明治図書，2014年，pp. 84-85。

5) 児童が，小学校から中学校への進学において，新しい環境での学習や生活へうまく適応できず，不登校等の問題行動につながっていく事態［「小中連携，一貫教育に関する主な意見等の整理（骨子案）」中央教育審議会初等中等教育分科会学校段階間の連携・接続等に関する作業部会平成24年4月23日］。

6) 竹田，前掲「ミュージカルの創作による道徳教育①」，p. 85。

7) 竹田敏彦「ミュージカルの創作による道徳教育②」『道徳教育3月号 No. 669』明治図書，2014年，p. 84。

8) 竹田，前掲「ミュージカルの創作による道徳教育②」，pp. 84-85。

9) 竹田，前掲「ミュージカルの創作による道徳教育②」，p. 85。

第10章 教育倫理学的アプローチによる体罰概念の構築

10.1 教育倫理学的アプローチの必要性と妥当性

　学校教師は学校教育法第11条但書（体罰の禁止）の規定を知っている。にもかかわらず，体罰の実態は依然として後を絶たない。

　本書が目指してきた「教育倫理学的アプローチによる体罰概念の構築」は，序章の「本書の目的」でも述べたが，「エラスムス，ルソー，カントの古典的な教育論から非体罰の概念を倫理学的に析出し，そこから学校教育法第11条但書（体罰の禁止）の意味と意義を明らかにすること」にあった。[1)]

　そして，これらを手掛かりにして，「体罰概念の妥当性」を追求することを目的とした。

　体罰論をめぐる「教育論」と「法理論」は水と油の如く交わることがない。その根拠は，すでに述べた大阪高裁判決（1955年）および東京高裁判決（1981年）に見い出すことができる。次の①～⑥は，その代表的な教育論および法理論といえる。

　① 体罰に教育的効果が求められる。（「教育論としての体罰肯定論」）
　② 児童生徒の学習権・発達権を保障するためには一般人権がある程度侵害されてもよい。（「教育論としての体罰肯定論」）
　③ 一定の有形力の行使，すなわち身体的接触よりやや強度な外的刺激は，教育上肝要な注意喚起行為ないしは覚醒行為として，正当な業務（教師の専門職的権限＝懲戒権限）内にあり，暴行罪の違法性は阻却される。（「教育論としての体罰肯定論」）

④ 教師の専門職的権限（懲戒権限）は、児童生徒の学習権・発達権の保障責務に付随して成立するものであり、教師の教育権限は日本国憲法の基本的人権と平和主義の法的制限を受けざるを得ない。(「法理論としての体罰否定論」)

⑤ 教育目的があるとしても、殴打のような暴力行為は、刑法上の違法性を阻却されない。暴行罪を適用するのが妥当である。(「法理論としての体罰否定論」)

⑥ 教師の教育権限は、決して父母の親権を部分的に代行する性格のものではなく、教師の固有な教育の場での専門職的権限である。親の懲戒権と教師の懲戒権は本質的に異なる。(「法理論としての体罰否定論」)

などである。

①～③が教育論的体罰論であり、④～⑥が法理論的体罰論といえる。教育倫理学的アプローチによれば、①～③の「教育論としての体罰肯定論」はことごとく否定されることになる。それは、教育倫理学的アプローチによる体罰論が、④～⑥にみられるような「法理論としての体罰否定論」とは異なるものの、①～③の「教育論としての体罰肯定論」を説得力をもって否定することになり、「教育とは何か」「教師とは何か」という教育の原点を考えさせることによって、教育論からも法理論からも納得のいく体罰否定の考え方を明らかにすることになるからである。

10.2 体罰概念の構築

執筆者（竹田）は、日本における体罰概念の主流をなし、学説、判例においてもしばしば引用されてきた、通説ともいえる、Ⅰ「1948（昭和23）年に出された法務府法務調査意見長官の通達「児童懲戒権の限界について」[2]」、この通達を受けて、体罰該当性の判断基準を具体的に示した、Ⅱ「1949（昭和24）年に出された法務府の通達「生徒に対する体罰の禁止に関する教師の心得」[3]」、Ⅲ「体罰を法概念として把握し、その法的意義と構成要件を明確にする教育法的意味を追究した学説（今橋盛勝の理論）[4]」のいずれも体罰概念が明確であると

はいえないことを指摘してきた。不明確の部分は，次のとおりである。
　Ⅰについては，殴る・蹴るの類や長時間にわたる端坐・直立等の場合であれば，客観的に見て被罰者に与える肉体的苦痛の程度を把握することは可能であるが，この例示以外のケースが生じたとき，肉体的苦痛の程度を把握することが難しいということ。
　Ⅱについては，7項目のうち明らかに体罰に該当する事項は①のみであり，②〜⑦は体罰に無関係な事項であり，学習権の保障の問題や人権問題として扱われるべき事項であるということ。
　Ⅲについては，③，④，⑤の文言からはその判断基準が明らかでなく，体罰の限界がはっきりしないこと，とりわけ③の「教育目的」の解釈は困難であるということ。
　そこで，執筆者（竹田）は，今橋が，上記の体罰概念をベースに，体罰問題を裁判として争う場合の争点として示した次のこと[5]が，体罰概念の明確化に貢献するものであることを指摘した。
　　① 懲戒としてなされた教師の行為はどういうものであったか（何で，生徒の身体のどの部分をどの程度，何回殴ったか等）
　　② 子ども・生徒の肉体的苦痛，身体的損傷，精神的損害の程度・内容
　　③ 教師の行為と結果の相当因果関係
　これら三つの中心的争点との関係で，
　　④ いかなる状況の下で
　　⑤ いかなる子ども・生徒の言動に対して
　　⑥ どのような判断と目的をもって，懲戒・体罰をしたのか
この争点は，先の行政解釈や学説よりも具体的であり，判断基準のポイントをより明確に示したものとして捉えられるが，②③⑥を客観的に判断することは難しい。とりわけ，⑥「どのような判断と目的をもって，懲戒・体罰をしたのか」は，先にも触れた大阪高裁判決（1955年）と東京高裁判決（1981年）に色分けできるほどの重大なポイントといえる。すなわち，「教育目的」の名の下に「体罰」を肯定するか否かの問題である。
　歴史は繰り返される。体罰に関わる判例は，法理論に忠実であった大阪高裁

判決(1955年)→教育論的であった東京高裁判決(1981年)→法理論に忠実であった大阪地裁判決(2013年)[大阪市立桜宮高等学校男子生徒の体罰死事件(2012年12月23日)⇒バスケットボール部主将2年生の男子生徒(当時17歳)に対する傷害と暴行の罪に問われた元顧問の被告(47歳)に対して懲役1年執行猶予3年(求刑懲役1年)の判決]のように,教育論もしくは法理論のどちらかに偏った判例が繰り返されているように見える。今日,大阪市立桜宮高等学校男子生徒の体罰死事件の判決(大阪地裁判決,2013年)が法理論に忠実であったことを契機に,「教育目的」の名の下に「体罰」を強行する傾向は沈静化することが予想される。体罰を本来あるべき教育法現象(体罰が学校教育法第11条の法規定の問題であるから)として扱うことの重要性である。その際,今橋のいう「学校教育法第11条の但書規定は,教育目的をもった懲戒行為であっても,その方法としては,体罰を用いてはならないとしているところに法的意味が認められる。」[6]との見解が重視されなければならない。

しかし,兼子が指摘するように,「現行法制の下では,児童生徒の人格尊重と非権力的教育観の見地にそくし,「肉体的苦痛を与える懲戒」をひろく体罰とみる解釈」[7]は学説として確定しているものの,その判断基準は明らかでなく,いわゆる「精神的体罰」(精神的苦痛)が法概念としての体罰に該当するか否かの問題(言葉や命令による精神的打撃・損失など)や,「体罰」に該当する体罰行為は許されないという解釈を認めた上で,「体罰」には至らない体罰的行為,法的に許容された体罰的行為が存在しうるか否かという問題などの未解決の問題が残されているのである。

「体罰的懲戒」をこそ「体罰」と認識しなければならないのではないか。体罰肯定の理由を東京高裁判決(1981年)が示した「愛のムチ論」や「スキンシップ論」のような感情的な教育論に求めるのではなく,体罰の判断基準を,真の意味の教育論,教育についての確かな理論,誰もが納得のできる普遍的な教育理念に求めなければならないと考える。その普遍的な教育理念がエラスムス,ルソー,カントの教育論に求められる。

エラスムスは,体罰のような恐怖による教育ではなく,「自ずと生じる敬意によって次第に子供を引き付けていく」[8]ような教育を教師に求めた。すなわち,

エラスムスは，教師たる者の存在を，「文学的教養や上品さを備えた人間」「学識深く有徳で思慮深い人間」「知的・道徳的に陶冶された人間」に求めたのである[9]。

ルソーは，体罰が自然の要求に反する行為であり，「自然の要求に反する形で社会的な教育が為された時，教育は人間を悪くし，堕落させる」ことを指摘した。学校教育法第11条にいう「懲戒」は，ルソーのいう「自然の要求」に見合うもののみを認めている教育的行為であって，「自然の要求」に反するような非教育的行為は「体罰」として禁止されていると解するのが妥当であろう。なぜなら学校教育法第11条で認められている懲戒権は，今橋のいう「「正当な」教育目的性，「教育的・法的に妥当な」懲戒行為という制約がかかっている」[10]ことを理解していなければならないからである。重要なのは，学校教育法第11条但書が，たとえ教師の懲戒行為に教育目的を認めることができるとしても，肉体的苦痛を与えるような行為は「体罰」として禁止されているということである。このようにみてくると，教師の資格について主張したルソーの「教師は生徒にふさわしく教育されていなければならない」[11]という見解が説得力をもつ。

カントは，「自己自身を改善すること，自己自身を教化すること，そしてみずからが〔道徳的に〕悪である場合には自己自身で道徳性を身に付けるようにするということ，これらが人間の行うべき義務」であることを指摘した[12]。教師の教師たる資格は，カントのいう自己自身を教化し，道徳性を身に付けた存在であることに求められる。

以上のことを踏まえて，次に教育倫理学的アプローチによる体罰概念を明らかにする。従前の体罰概念を教育倫理学的視点によって総括したものである。

学校教育法第11条にいう体罰は，「法概念としての体罰」を意味しており，懲戒内容が肉体的苦痛（身体的苦痛）を伴うものを指す。「法概念としての体罰」に該当する肉体的苦痛（身体的苦痛）を伴う行為とは，①身体に対する侵害を内容とする懲戒――殴る・蹴るの類，②被罰者に肉体的苦痛を与えるような懲戒――「長時間にわたる端坐・直立」「用便に行かせなかったり食事時間が過ぎても教室に留め置くこと」「授業時間中，怠けたり，騒いだからといっ

て生徒を15分程度以上教室内に立たせること」「他人の物を盗んだり，壊したりした場合など，懲らしめる意味での長時間にわたる放課後残し」等——の場合をいう。しかし，①はともかく，特定の場合が②の意味の「体罰」に該当するかどうかは，機械的に判定することはできない。それゆえ，当該児童生徒の年齢，健康，場所的および時間的環境，心身の発達に応ずる教育上必要な配慮等，種々の条件を考え合わせて肉体的苦痛の有無を判定しなければならない。その上で，③学校教育法関係の下で，④教員が，直接または間接に，生徒らに対して行う，⑤教育目的をもった（「正当な」教育目的性が客観的に認められること），⑥懲戒行為のうち（「教育的・法的に妥当な」懲戒行為），⑦生徒らの肉体に苦痛を与える行為（肉体的苦痛は，被罰者たる当該生徒らにとっての苦痛の知覚によって判断されるべきことであって，加罰者たる教員の主観的・推量的判断によって肉体的苦痛が否定されるべきことではない）があったか否かの判断が求められることになる。③〜⑥が体罰該当性の前提要件，⑦が実体的要件であり，③〜⑥がすべて成立し，⑦が成立した時，その懲戒行為は体罰と解され，違法の判断を受けることになる。③〜⑥のいずれかが成立せず，⑦が成立する場合は，その行為は体罰問題としてではなく，暴行・傷害行為，不法行為問題としてのみ扱われることになる。その際，⑧教師の行為と結果の相当因果関係，⑨どのような判断と目的をもって懲戒・体罰をしたのかを吟味する必要がある。とりわけ，「教育目的」の名の下に懲戒・体罰のいずれかを判断することは慎重にならなければならない。いずれの場合も，被罰者の個人差によって懲戒・体罰が決定づけられることになるが，「肉体的苦痛を与える懲戒」をひろく体罰とみるのが妥当である。

　未解決の問題として存在する，言葉や命令によって精神的打撃・損失をもたらす行為や，注意を喚起する程度の身体への軽微な物理的行為が，「体罰」には至らない体罰的行為として，法的に許容されるか否かについては，いわゆる「精神的体罰」（精神的苦痛）を体罰に含むか否かの問題として集約できる。「精神的体罰」（精神的苦痛）は被罰者に肉体的苦痛（身体的苦痛）をもたらすものであり，「体罰」はその程度によって判断されるべきものである。肉体的苦痛（身体的苦痛）を伴う「精神的体罰」（精神的苦痛）は，エラスムスのい

う「体罰のような恐怖による教育」，ルソーのいう「自然の要求」に反する非教育的行為，カントのいう「道徳性を確立できない行為」であり，「品性の確立を保つことができない行為」として捉えられる。

それゆえ，言葉や命令によって精神的打撃・損失をもたらす行為は，肉体的苦痛（身体的苦痛）を伴うものを「体罰」，注意を喚起する程度の身体への軽微な物理的行為も，言葉や命令によって精神的打撃・損失を伴うものであれば，「体罰」とみなすべきである。

すなわち，エラスムス，ルソー，カントのいう非教育的行為によって肉体的苦痛（身体的苦痛）を与えるような生徒指導の行為は，広く「体罰」として認定されるべきである。

なぜなら，教師たる者の存在（資格）は，エラスムスが「文学的教養や上品さを備えた人間」「学識深く有徳で思慮深い人間」「知的・道徳的に陶冶された人間」を求め[13]，ルソーが「教師は生徒にふさわしく教育されていなければならない」ことを主張し[14]，カントが「自己自身を改善すること，自己自身を教化すること，そしてみずからが〔道徳的に〕悪である場合には自己自身で道徳性を身に付けるようにするということ，これらが人間の行うべき義務」であると指摘したことに求められるからである[15]。教師たるに相応しくない教師の「注意を喚起する程度の身体への軽微な物理的行為」が，「「体罰」には至らない体罰的行為」として法的に許容され，無罪放免となるのは理不尽である以外の何物でもない。

エラスムス，ルソー，カントの主張する人間観，教育観，子ども観，教師観によって，学校教師が児童生徒の指導に当たるならば，教育に相応しい教育が行われ，教師に相応しい教師が機能することになるであろう。そのような教育や教師は体罰を必要としない。

注

1) 本書，p. 3を参照されたい。
2) 本書，p. 19を参照されたい。
3) 本書，pp. 19-20を参照されたい。

4) 本書，pp. 20-21を参照されたい。[今橋盛勝「体罰の法概念・法意識・法規範・法関係」牧柾名・今橋盛勝（編）『教師の懲戒と体罰』エイデル研究所，1982年，pp. 54-57]
5) 今橋盛勝「体罰・体罰事件・裁判記録・判決を問うことの意味」今橋盛勝・安藤博（編）『教育と体罰』三省堂，1983年，pp. 16-17。
6) 今橋，前掲「体罰の法概念・法意識・法規範・法関係」p. 56。
7) 兼子仁『教育法（旧版）』有斐閣，1963年，p. 148。
8) エラスムス（著），中城進（訳）『エラスムス教育論』二瓶社，1994年，p. 67。
9) 同上書，p. 228から抜粋。
10) 牧柾名・今橋盛勝（編）『教師の懲戒と体罰』エイデル研究所，1982年，p. 56
11) ルソー（著），今野一雄（訳）『エミール中』（岩波文庫33-622-2）岩波書店，1963年，p. 59。
12) カント（著），湯浅正彦・井上義彦・加藤泰史（訳）『カント全集17　論理学・教育学』岩波書店，2001年，p. 226。
13) エラスムス，前掲『エラスムス教育論』，p. 228から抜粋。
14) ルソー，前掲『エミール中』，p. 59。
15) カント，前掲『カント全集17　論理学・教育学』，p. 226。

第11章 体罰が容認されない学校に向けて

11.1 学校現場の体罰リテラシー

　2012（平成24）年12月に発生した大阪市立桜宮高等学校での部活動中の体罰およびそれを原因とする同校生徒の自殺は，学校を取り巻く社会のみならず政府および文部科学省等に対しても大きな警鐘を鳴らす事件であった。この事件を起因として体罰に関する通知等が矢継ぎ早に出された。次に掲げるものはその一部である。

〇教育再生実行会議第１次提言（平成25年２月26日）
　安倍首相の私的諮問機関として2013（平成25）年１月に発足した教育再生実行会議は，発足早々に『いじめの問題等への対応について』という最初の提言を出した。このタイトルに見られるように，いじめ問題への対処がそのメインテーマであったが，５つの項目をもつ中身の５項目目は体罰に関するものであった。そこでは，体罰の禁止を徹底するとともに，教員や部活動指導者による体罰に対しては厳正対応で臨むことや，国が部活動指導のガイドラインを策定すること等が提言されている。[1]

〇文部科学省通知「体罰の禁止及び児童生徒理解に基づく指導の徹底について」（平成25年３月13日）
　教育再生実行会議の第１次提言を受けて文部科学省が発した通知である。その内容として，まず第１に，体罰が学校教育法第11条で明確に禁止されている

旨を強調し，改めて体罰禁止の徹底を求めた。体罰が児童生徒の倫理観の成長を狂わせ，力による問題の解決，いじめや暴力行為への連鎖への可能性が指摘されており，児童生徒の規範意識や社会性の健全な育成を考慮して，粘り強い指導が求められた。第2に，懲戒と体罰の区別を従来の体罰の定義をもって確認した。第3に，児童生徒による教師への暴力行為や他の児童生徒に危害を及ぼすような暴力行為に対しては，その制止や回避のためのやむを得ない有形力の行使についてこれを正当防衛・正当行為とみなし，体罰にはあたらないとした。第4に，校内研修等を通じて体罰に関する正しい認識を徹底させ，かつ体罰防止のために必要な校内組織の整備を求めた。そして第5に，運動部指導における体罰の禁止を挙げ，学校管理職は部活動顧問の肉体的・精神的指導を適宜監督し，教育活動としてのあり方を確保するよう定めた。

　なお，文部科学省は平成19年2月に『問題行動を起こす児童生徒に対する指導について』（通知）を発し，その中で「学校教育法第11条に規定する児童生徒の懲戒・体罰に関する考え方」を示し，場合によっては教師による有形力の行使を容認するような見解を示唆していたが，今後はここで挙げた平成25年の通知によって懲戒・体罰に関する解釈・運用を行うとしている[2]。

○文部科学省報告書『運動部活動の在り方に関する調査研究報告書』における「運動部活動での指導のガイドライン」（平成25年5月27日）

　これも先の教育再生実行会議第1次提言に対応する文書である。部活動が学校教育の一環である点を踏まえた上で，その運営や指導を顧問の教員だけに任せず学校組織全体で運動部活動の目標・指導の在り方を考えることや，特に外部指導者等の協力を得る場合の適切な指導体制整備の必要性や，肉体的・精神的な負荷や厳しい指導と体罰等の許されない指導とをしっかり区別することの重要性など，7項目がガイドラインとして示された[3]。

　体罰に関する以上の3点は，社会的な問題となった大阪市立桜宮高等学校の事件を契機とするだけに，学校教育現場での受け止めも相応の注意をもってなされたことが推察される。ただ，上記の3点は共にいわゆるトップ・ダウン方

式で中央教育行政機関から地方教育行政機関を経て学校教育現場へと通知されたものであり，その内容も教師であるならこれまでに何度も聞かされたことのある学校教育法第11条に関する体罰論であるため，学校教育現場の教員たちが取り立てて興味関心を寄せるものとは言い難いのが実情ではなかろうか。実際，事件の影響もあってか，平成25年度中に体罰で処分された公立学校教員数は3,953名であったのが翌26年度には952人へと激減したが，これは事件の記憶が冷めやらぬ当時でさえ1,000人近い教員が体罰を行使していたことを示している。しかもその952人中，198名は大阪市立桜宮高等学校のように部活動中での体罰による処分であった[4]。

こうした状況が学校教育現場の体罰"リテラシー"の実際とも捉えられる。そこでこの章では，教育倫理学的アプローチが機能しなければならない学校教育現場という場のもつ困難さについて考察を加える。特に，なぜこれまで体罰が無くならずに続いてきたのかという問いに対し，学校が体罰を締め出せない構造的ともいえる要因について目を向けたい。まず，「愛のムチ論」や「スキンシップ論」が依然として繰り出される温床になりかねない要因について取り上げ，その後で同様に学校教育現場での体罰容認を後押しするような，学校を取り巻く社会的文脈の変化について扱うこととする。

11.2　学校の家庭化

学校教育法第11条と同様に懲戒権を定めた条文がある。それは民法第822条で，親権者の懲戒権について規定したものである。但し，学校教育法第11条とは異なり，「体罰」のような有形力の行使に関する禁止規定を伴ってはいない。民法822条は，『親権者は子の利益のために監護および教育を行う権利と義務を有する』とする同法820条を踏まえたもので，その範囲内で822条により懲戒権を認めるというものである。このように民法822条の懲戒権の行使に関しては，820条が一定の制限になりうるものの，その範囲内であれば子の心身に苦痛を加えるような懲罰手段を取ることを禁じてはいないと解釈される。すなわち，教育等の名目があれば，家庭においては体罰的行為が許される状況にあるとい

える。

　こうした学校教育法と民法との体罰の捉え方の違いから，学校教育現場で「愛のムチ論」や「スキンシップ論」といった体罰を容認・肯定する教師の意見や体罰擁護論が提出される背景の要因として，家庭と学校との境界が曖昧になっている可能性が推察される。すなわち，教育と懲戒（体罰を含む）についての家庭の論理が学校教育現場に入り込んでいるために，学校で体罰擁護論が存続しえるのではないか，と考えられるのである。そう思わされる議論をいくつか参照してみよう。

11.2.1　家庭の変容

　家庭は学校とは違った意味での人間形成の重要な場である。古代ギリシャ語で"エートス（ἦθος, ἔθος; ethos）"とは「性格，習慣，特性」といった意味の言葉であるが，この言葉の語源を辿るとゴート語で動物の住処である洞穴や寝床を指す言葉に行きつくという。[5] 洞穴や寝床すなわち生活の場がいかに人格形成に深く関与するのかを示すものであり，人間の教育的発達に及ぼす家庭の影響の強さが示唆されている。

　ところが，今日，こうした家庭の意義や役割に変化を示す現象が現れている。たとえば，先のエートスにまつわる生活習慣の修得についてであるが，食事や睡眠といった基本的な生活習慣が身に付いていない子どもが問題として取りざたされるようになった。実際，食事については栄養教諭という職種を新設して食育指導といった形で学校教育現場で補完されるようになり，睡眠についても"睡眠教育"の重要性を指摘する声が聞かれるようになってきている。[6]

11.2.2　学校＝居場所論の展開

　学校が積極的に家庭の役割を負っていることを示す議論を見てみよう。心理学者であり児童精神分析学者のジョン・ボウルビィは，母子の関係早期に関する愛着理論（Attachment Theory）の提唱者として有名である。愛着理論によると，乳幼児が養育者（多くは母親）に対し微笑んだり声を出したり泣いたり，あるいは後追いしたりまとわりつくのは，養育者に対する親密さを維持したり

増したりするために行うもので,その目的は安心を感じられるような状況を得るためとされる。そしてしばらく後に自分だけで行動・移動できるようになると,乳幼児は養育者を安全基地として探索行動を熱心に行うようになるという。

　子どもにとって,こうした愛着行動によって心理的に安心できる「居場所」,あるいは「安心,安らぎ,寛ぎ,また他者の受容,承認といった,平たくいえば,ホッと安心していられるところ,居心地よく心が落ち着けるところ」とは,まず第1に家庭であろう。そして子どもは愛着行動によって,「養育者の側に居れば大丈夫／守ってもらえる」という経験を繰り返し取り込み,それによって養育者が居ない状況でも「自分は守られ大切にされている」といった肯定的な自己イメージを内在化させてゆくとされる。すなわち家庭とは,養育者と共に過ごしながらそのような「自己肯定感」を育む意義や役割を養う場であり,養育者との親密な人間関係を築きながら,家庭の外での人間関係でトラブルに合ったり傷ついたりしたときには,自己を癒し立て直す力を与えてくれる「居場所」でもあるということになる。

　このような家庭のもつ「居場所」としての意義や役割は,今や学校で積極的に担うようになってきた。たとえば,学校教育現場で生徒指導に広く活用される『生徒指導提要』(文部科学省:平成22年)では,生徒指導の方針として立てるべき「自己指導能力の育成」に関して次の三つの"機能"が強調されており,多くの教育委員会が範とするものとなっている。

【生徒指導の三機能】
〇自己決定の場を与える
　児童生徒が,決められたルールを守り,自分自身で責任が取れる範囲内で,自らが行動を選択し,その行動に責任を取る機会を与えることである。
〇自己存在感を与える
　児童生徒一人一人は,かけがえのない存在であり,一人一人の存在を大切にする指導のことである。また,自己存在感は,他者との関わりの中で見いだされることもあることから,望ましい集団づくりが重要である。
〇共感的人間関係を育成する

教職員と生徒および生徒同士が，相互に尊重し共感的に理解し合う人間
　　関係を育成することである。

　ここに見られる考え方，とりわけ「自己存在感」や「共感的人間関係」に関する事項について，先の「居場所」として家庭を捉える考え方に照らすなら，学校よりもまずは家庭が積極的に配慮するべき内容ではないだろうか。しかし今や，それが学校にも要求されているわけである。
　これに加えて，学校を「居場所」と明確に位置づける事例も挙げることができる。平成4年3月に学校不適応対策調査研究協力者会議が出した報告書，『登校拒否（不登校）問題について——児童生徒の「心の居場所」づくりを目指して——』において，文字通り学校を「（心の）居場所」として捉え直す見解が示された。そこでは，主に不登校の子どもの学校復帰を支援する目的をもって，学校は積極的に「心の居場所」すなわち「児童生徒が自己存在感を実感できる精神的に安心していることのできる場所」であるべきとされている[11]。ただ，この報告書の時点ではまだ不登校児童・生徒への対応が主眼であったため，保健室や適応指導教室など一部の専門施設の充実と活用といった提言へと話は進められた。しかしそれが不登校問題に関する調査研究協力者会議の『今後の不登校への対応の在り方について（報告）』（平成15年4月）になると，生徒一般へとより敷衍された形へと変化している。そこでは，学校が「自己が大事にされている，認められている等の存在感が実感でき，かつ精神的な充実感の得られる」場所としての「心の居場所」であるべきと位置づけられているだけでなく，さらに踏み込んで「教師や友人との心の結び付きや信頼感の中で主体的な学びを進め，共同の活動を通して社会性を身に付ける」ための「絆づくりの場」として機能することも求められるようになった[12]。これを受けて国立教育政策研究所のリーフレット『「絆づくり」と「居場所づくり」』では，「居場所づくり」を「学級や学校を<u>どの児童生徒</u>にも落ち着ける場所にしていくこと」，「絆づくり」を「<u>日々の授業や行事等</u>において，<u>全ての児童生徒</u>が活躍できる場面を実現すること」とするなど，不登校児童生徒や一部の学校施設という範疇を超えて，一般的・総合的な形で学校を捉え直すに至っている［下線は執筆者（角谷）］[13]。

以上のように学校がますます「居場所」化することは，それによって家庭と学校との差異を曖昧にする結果を招来しているのではないだろうか。

11.2.3 ケアの思想の導入

倫理学者で心理学者でもあるキャロル・ギリガンは，その著書『もうひとつの声——男女の道徳観のちがいと女性のアイデンティティ』(1982；邦訳1986)において，心理学者のローレンス・コールバーグらが理論化した道徳性発達段階説を男性中心主義的な"Justice（正義）"の倫理とし，女性的な"Care（ケア）"の倫理と対比的に捉えた。社会倫理学者の川本隆史はその対比を次のように要約する。[15]

> 「正義の倫理」の場合，道徳の世界は複数の「権利」が競合する場と見なされ，公平・中立な裁判官のような立場で権利間の優先順位を判定することによって，問題の解決が図られる。そして「正義の倫理」の基底には，他者から「切り離された」自己，「自律・自己決定」の主体である自己といった人間像が横たわっているという。これとは対照的に，「ケアの倫理」では一人ひとりの他者に対する複数の「責任」が衝突し合う場として道徳の世界を捉えるため，そうした衝突を解決するためには「文脈＝情況（コンテキスト）に即した物語的な思考様式」が求められる。さらに，この倫理を支える人間観によれば，自己とは他者との「相互依存性」やネットワークの内部に居場所を有する存在であると了解される。

このような両者の違いは，たとえば人間間の諸問題の解決について，「正義の倫理」が正義を尺度に一人ひとりが個別に主張する権利を比較考量していくのに対し，「ケアの倫理」では具体的情況における関係者一同の声が大きなものも小さなものもしっかりと聴き届けられ考慮される，という差異を生むことにつながるのである。

ギリガンと並んでこうした「ケア」という概念に着目したのが，アメリカ教育哲学会長などを歴任したネル・ノディングズである。ノディングズは著書

『学校におけるケアの挑戦——もう一つの教育を求めて』(1992：邦訳2007) において，「ケアリング」という概念を展開し学校教育の再構成を論じた。ノディングズが槍玉に挙げる学校教育の問題点およびそれへの対応策を，再び川本の要約で見てみよう。[17]

> 「学校の第一の任務は子どもたちをケアする（care for）ことにある」(「序章」) との主義主張から説き起こした本書は，まず社会と教育に関する現状分析に取り掛かる（第1章「社会の深刻な変化に対する，教育の浅薄な対応」）。20世紀後半に生じた凄まじい社会変動の結果，これまでのように，家族というつながりに「ケアリング」(成員のニーズに応え，世話し，心を砕く営み) の要求を丸々負わせるのが無理になってきたのではないか。だとすれば，他の制度，とりわけ学校こそがその要求に応じるべきであるのに，現代の学校教育は薄っぺらな対策しか提供できないと断じる。

ここに挙げられた問題提起は，あたかも学校に家庭の役割を負わせるべきという主張とも読める点として，極めて興味深い。実際，こうしたケアリング論の方向性の到達点として，以下の対応策が提言されるのである。[18]

(1) 教育の主要な到達目標は，有能・適格にして思いやりがあり，愛し愛される人びと（competent, caring, loving, and lovable people）を輩出するところにおかれるべきであること
(2) 居場所を求める（児童生徒たちの）ニーズを，引き受け満たすこと（take care of affiliative needs）
(3) 管理しようとする衝動を緩めること
(4) 授業科目間の上下関係を取り除くこと
(5) 毎日の学校生活の中で，少なくとも一部の時間をケアの諸テーマにあてること

上記の(2)に先述した「居場所」という言葉が使われているのが象徴的である。

「居場所」は，その性質上，本来的にはまず家庭こそが備えるべき様相ではないだろうか。つまり，ケア論やケアリング論には学校と家庭との境界や役割分担との観点からすると，その主張に学校に家庭の肩代わりをさせるような点が含まれるということで，学校の家庭化を推進するような性質が指摘されうるのである。

以上の11.2.1（家庭の変容）から11.2.3（ケアの思想の導入）まで，現代の学校教育を取り巻く環境や人間関係のあり方に関する見解を参照してきた。これらが示すのは，今や家庭と学校の境界や役割分担が曖昧になっているだけでなく，学校が家庭の機能や役割を積極的に引き受けなければならない事態に陥っているという，そのような学校を取り巻く状況の変化である。衰微しつつある家庭の機能や役割を学校や教師に期待し，あるいは押し付けることによって子どもの再生が図られる。行政も社会も家庭そのものも，そのように学校や教師が家庭になり代わって機能することを期待し要望しているのではないか。こうした学校の家庭化状況が，学校現場で教師が親や地域の大人になり代わって，愛情や躾の名の下に子どもに体罰を加えることを容認する温床へとつながっているのではないだろうか。

こうした可能性を制するためには，学校および教師の側に学校－家庭関係の曖昧さを断じてしかるべき"体罰リテラシー"が備わっていることが求められよう。しかしながら，学校はこうした家庭化の問題だけでなく，同様に体罰行使の温床を形成しそうな別の問題も抱えているのである。それを次に見てみよう。

11.3　学校の社会化

学校が学校らしさを失う状況は家庭によってのみもたらされるとは限らない。かつてデュルケームは，「教育とは，まだ社会生活の面で成熟していない世代に対して，成人世代が加える作用である…「教育とは，若い世代の一種の社会化に他ならない」」と述べた。もしそのように学校が子どもや若者に"社会化"という仕事を施す場であるならば，学校という場自体が容易に社会に擬制され

ることにつながりはしないだろうか。そしてその社会という場は，人々が互いに協力し合いながら秩序を保ち，平和な生活を営む場である一方，窃盗や暴行や傷害はおろか殺人なども珍しくなく，またそうした犯罪者には刑法で死刑も含めた刑罰をもって処する場でもある。ならば将来出会うそうした社会という世界の疑似体験として学校で体罰が用いられても，子どもたちに必要な社会化への訓練という観点から容認が与えられ易くなるのではないだろうか。実際，そのように学校を社会の論理で捉える状況が存在しているようだ。以下にいくつか挙げてみよう。

11.3.1 文明化の終焉

　戦後日本における学校教育の展開は，民主主義国家として再出発した日本が社会・経済発展を遂げてゆく軌跡と重なる。なぜなら，民主化の推進や産業構造の転換といった社会変化は，高度経済成長による生活水準の向上といった形で個人を取り巻いていったが，それは同時に学校教育による社会的上昇や社会進出が促進されていたからだ。

　まず学校は，3R's，諸科学，近代的教養などを人々に授けていった。それは国や社会にとって，戦後の新しい国家の担い手を作り出すという重要な意義を有していた。そして個人にとっては，新生日本社会の形成者に相応しい資質を身に付けることを意味したが，個人の場合はそれだけに留まらない。学校でそうした知識や技能を身に付けることで，親の世代までが主に従事した第1次産業型の社会経済生活を脱し，第2次・第3次産業型の能力をもった人材に生まれ変わり，新しいホワイトカラー型の生活を得るチャンスを得ていったのだ。国や社会が発展していくうねりの中で，そのストーリーに参加しつつ自分自身も発展してゆける機会を，学校が準備してくれたわけである。

　こうした時代においては，学校は社会進歩の推進役として，また個人の生活を向上してくれる機関として輝かしい存在であった。親にとって子どもを学校に行かせることは望ましくも誇らしいことであり，子どもにとっても学校は将来への希望を抱かせてくれる場所であった。親子共に協力しつつ学校階梯を登ってゆくことは，成功への階段を上がってゆくことと同義の特権的な行為であ

った。それゆえに過酷な受験戦争も勃発したが，多くの親子が辛苦を舐めながらもそれに食らいついていったのである。そして学校には権威があり，そこに勤める教師たちも大学卒の知性ある人士として尊敬される存在であった。

　戦後日本における学校のこういった姿を，「文明化の物語」として捉える見解がある[20]。それは，国や社会が民主化や経済成長といった「文明化」をひた走るという近代世界の文脈を背景にしながら，学校の存在や役割を位置づける理解のあり方といえる。こうした学校の文明史的理解から気付かされる点は，まず社会と学校との共栄関係であり互いへの親和性である。学校が国や社会の文明化を下支えし，その物語に全国民を巻き込み文明化に向け動員することで，学校もその存在意義が社会的に認められ活発な展開を許されてゆく。但し，国や社会と学校との関係は対等なものとはいい難い。国や社会が描く文明化の物語が主旋律を奏で，学校も教師も国民もその物語に沿って演技するアクターに過ぎない。もっとも，こうした図式が描かれる一方で，学校が社会の変化に従属したのではなく，そもそもは学校教育を通して社会に影響を与え社会の方を望ましい方向に意図的に変革させることが目指された，とする理解もある[21]。明治初期や戦後すぐといった時期を見ると，そういった学校主導の社会変革論理が一定の説明力をもつであろう。しかしそれも，国や社会が進むべき方向に進み始めると，社会の論理が学校側に入り込んで学校現場に影響を及ぼす形，すなわち社会優位で学校が従う形になっていったと思われる。

　ここに社会と同様に有形力の行使が学校現場に発生すること，すなわち体罰を看過する余地が推察される。子どもたちを社会化・公民化するという作業の中で，学校の規則や教師の指導に違反した子どもに対し，社会の規律や厳しさを教育するという名目で体罰が振るわれる。さらにこの「文明化の物語」に則った学校観や学校教育観の特徴的なのは，子どもの社会化を必要と考えるのが社会や学校側だけでなく，保護者や子どもの側も望ましいと支持することである。そこから，現在の若者にも時と場合次第で体罰を容認するという意見が少なからず存在するのは，こういった両者の一致した見解を反映するがためではないかと思われるのである。

11.3.2 評価にさらされる学校と教師

　学校を社会（世間というべきか）に準えることによって発生した大きな変化の一つとして，学校や教師が保護者や子どもによって評価を受け始めたことも挙げることができよう。こうした評価活動の目的としては，学校運営，教育水準，説明責任，情報提供といった事柄の改善や向上などが挙げられている。それ自体は驚くに当たらないが，注目すべきはその手法である。たとえば学校評価については，2002年の学校設置基準改正を皮切りに法制度上の整備が進められ，2010年7月の文部科学省による『学校評価ガイドライン（改訂）』によって自己評価（校長以下教職員による計画や目標の達成度合などを評価），外部評価（自己評価結果を基に保護者，学校評議員，地域住民等の学校関係者による評価），第三者評価（自己評価結果や外部評価結果等を基にその学校に直接の関係性をもたない専門家等による専門的・客観的評価）が充実された。こうした過程にそって，現在では多くの学校が評価結果を参考にPDCAサイクルを回して学校改善に取り組んでいる。あるいは教師に対する評価については，校長が各教師の意欲や成果を評価して手当や昇給に反映させる制度や，子どもによる授業評価を実施して授業の改善に役立てると共に，各教師の成績評価の資料にする学校や自治体が珍しくなくなりつつある。

　こうした手法にある特徴的な考え方として，まず子どもや保護者を教育サービスの"カスタマー（＝顧客）"とみなし，その顧客に学校や教師といった教育の生産者であり提供者を評価させるというものが挙げられる。加えて，その生産者や提供者を評価によって駆り立て互いに競争させることで，教育の質の向上と顧客の満足度アップを図ろうとする点も特徴的だ。このような手法に関し，選択と競争を標榜する市場原理の効果に信頼を置く，いわゆる新自由主義と呼ばれる思考を学校教育に応用したものとみなす意見は少なくない。ただここで考察すべきは，学校運営や教員管理の問題がなぜこのように社会における企業経営の論理などと同列に捉えられるようになったのか，という点である。

　この点に関し，先に取り上げた「文明化の物語の終焉」という視点が参考になる。たとえば元高校教師で「プロ教師の会」を代表する諏訪哲二は，学校に権威が認められていた"農業社会"と"産業社会"の次の段階として，"消費

社会"という概念を持ち出してこう記す。[22]

　　私たちは，生活のすみからすみまでお金が入り込んでいる生活を，初めて経験している。朝から夜まで「情報メディア」から情報が入ってくる生活も初めてである。お金がお金を生み出す経済の運動のなかに完全にまきこまれている。子どもたちが早くから「自立」（一人前）の感覚を身につけるのも，そういう経済のサイクルに入り込み，「消費主体」としての確信をもつからであろう。子どもたちは今や経済システムから直接メッセージを受け取っている（教育されている）。学校が「近代」を教えようとして「生活主体」や「労働主体」としての自立を説くまえに，すでに子どもたちは立派な「消費主体」としての自己を確立している。すでに経済的な主体であるのに，学校に入って，教育の「客体」にされることは，子どもたちにとっては，まったく不本意なことであろう。

　この言説が示すのは，"消費社会"という現代社会のあり方が学校現場にしっかりと浸透している状況である。親や子どもは教育の消費主体としての自己を確立することで，学校現場で教師たち生産者と対等な立場を主張する。あるいは，生産者よりも優位な地位にある顧客であることを自認することにもつながっているのではないか。

　実際，近年では保護者が学校現場に無理難題を押し付けるなど"モンスター化"したり，体罰事件によって学校教育法第11条但書の存在が広く知られると同条を逆手に取って教師をわざと挑発したり，教師が身体に触れただけで体罰だと叫ぶ子どもの存在なども報道されている。[23] 評価という行為を通じて，学校現場も"お客様のご意見・ご要望"が大手を振ってまかり通る時代に入ったということであろうか。

　この項の2つの事例が示すのは，学校と社会が共通の価値観で捉えられ運営されるようになってきた状況と，その価値観が市場経済上の価値観に由来する性質のものであるという点である。すなわち，学校と社会との境が無くなってきていることのみならず，学校の権威が低下する方向で学校と社会の関係の再

編が進んできているということである。これでは，ルール違反者に対しては身体に作用するさまざまな刑罰が許される一般社会の論理も，広く学校現場に持ち込まれ易くなってきてもおかしくはないのではないか。しかも学校の権威低下によって，体罰は認めないという学校社会独自の体罰観が，子どもや保護者といった学校関係者にどこまで尊重されるのかも心許ない状況なのである。

さらに厄介なのは，消費者が対等な「自己」をもってさまざまな私的要求を交錯させる学校現場において，学校や教師の権威にとりわけ鈍感になる子どもや親とは，学校の消費社会化の先端をいっている顧客たちではなく，むしろ消費社会化状況に「自己」がうまくついていけてない顧客たちという可能性もあることだ。[24] こうした者たちによって学校現場が私的利益に奉仕する場となり，その意味で学校教育の私事化が進むならば，学校の存在自体にあった公共的な意味合いはますます薄れてゆく。実際，学校評価などは私企業の管理運営形態を写し取って学校に当てはめた性格のものだが，そうした現象の裏には子どもや保護者や地域住民らの消費者化／顧客化によって，従来の学校観が内部から崩壊していった事由をうかがい知ることができるのである。

11.4 専門的教育空間としての学校の再生

この章では学校が家庭化および社会化している事態を捉え，体罰を禁じない家庭や社会の論理が学校現場に入り込んでいる状況が，学校で体罰を根絶できない温床となっているのではないか，という点に注意を払いながら議論を進めてきた。もしそこに原因の一端があるのなら，教育現場から体罰容認論を払拭するためには，学校の家庭化や社会化に歯止めを掛けること，すなわち学校が学校らしさを取り戻す方向での学校再生が必要ではないか，という視点にいきつくことになる。

"学校が学校に戻ること"とは，まず学校教員自身が，家庭的人間や市場的人間とは質的に一線を画すことに自覚的である必要が求められるであろう。その基本的かつ具体的なあり方の一つとしては，教育の専門家集団が学校空間を家庭や社会とは異質の教育的規範や秩序で運営し，それに基づいた自律的活動

を行うことが挙げられよう。まずは学校や教師集団による意図的差異化によって，家庭や社会から続く体罰容認的な空気の流入を阻止してはどうだろうか。

そのように学校空間全体を覆う秩序や規範として学校関係者全員の行動指針となり，かつ学校空間の外に対しても学校の差異化をアピールできるものとして，各学校の校訓や教育方針を取り上げてみたい。これらは学校の教育目標を示す上での多分にスローガン的な文言ではあるが，学校のホームページのみならず指導計画書や経営計画書等の冒頭にも必ずといって良いほど記載され，あるいは学校評価の際の評価基準の一つとしても参照されるなど，学校教育全体に関わる性質をもった文言でもある。また学校の所在地域に対し，その学校の存在意義や役割を明示するものでもあるため，学校にとって地域との関係づくりや地域連携を推進する上で重要な役目も有する。こうした校訓や教育目標の意義や活用の可能性はもっと追究されて良い。

このような学校の教育目標については示唆的な先行研究がある。それは二つの県にまたがって行われた「教育目標に関するアンケート調査」で，約1000校が調査協力に応じた。表11-1は，そのうちの１つの県の調査結果を，本章の観点からまとめ直したものである[25]。学校を家庭とも社会とも異なる教育的規範や秩序によって運営される空間とするためには，まずそこが教育を行う場であることを明確にすることが必要となろう。そこで表11-1では，学校の目標に教育や指導（＝育成）の視点が入っているものとそうでないものの二つに分類し，さらにそれぞれを家庭教育でも担えるであろう"個人的資質"と社会的要請に由来する"社会的資質"という概念を使って３分割した。

表11-1から読み取れる学校空間の思考や性質の傾向とは，まず教育・指導（＝育成）を含めている学校とそうでない学校を比べると，差は大きくないとはいえ後者の方が多い。大多数の学校が，教育の専門機関であるにもかかわらず，なぜきちんと教育方針に触れないのか不思議に思われる。また"育成"を謳う学校においても，その打ち出し方は前者の学校の教育目標に，育成に関する文言を付け加えた程度のものが多い。教育機関として何をしたいのか，ほんやりとしたイメージしか見えてこない。

さらに類型に着目して見ると，全体の約３分の２の学校が子どもの個人的な

第11章 体罰が容認されない学校に向けて

表11-1 A県の小学校296校における学校の教育目標

	類　型	例（カッコ内は校数）	比率
資質列挙＋育成 （47.6%）	個人的資質 のみ	○いのちを大切にし，心豊かで創造性のある子どもの育成（84校） ○かしこく，やさしく，たくましい子どもの育成（2校） ○つよく，正しく，はれやかな子どもの育成（2校）	29.7%
	個人的資質＋社会的資質	○自らかかわり，明るく，たくましく，かしこい子どもの育成（48校）	16.2%
	社会的資質のみ	○未来を生きぬく児童の育成〜学び，かかわりの中で大人になる資質（5校）	1.7%
資質列挙のみ （52.4%）	個人的資質のみ	○すすんで学ぶかしこい子ども，心豊かでやさしい子ども，健康でたくましい子ども（81校） ○あかるく，かしこく，たくましく（14校） ○なかよく，かしこく，元気にがんばる子ども（6校） ○美しい心，見つめる目，輝く笑顔（2校）	34.8%
	個人的資質＋社会的資質	○運動大好き，友達大好き，勉強大好き（2校） ○自主・自立・伝え合い（2校） ○礼儀正しい子ども，たくましい子ども，丈夫な子ども（1校）	1.7%
	社会的資質のみ	○人と豊かにかかわり，ともに未来を拓く子ども（37校） ○私もあなたも地球の一人（共に生きる）（10校）	15.9%

資質に関するものだけを土台に教育目標を設定している。このデータがまだ小学校段階のものだからかもしれないが，これでは家庭で保護者が考える躾や子育て目標と大差ないのではないか。あるいは社会的な資質の扱いに関して見ると，資質と育成の両方を掲げる学校群と資質のみの学校群との比較では，前者において個人的な資質との併記をする学校が多い一方，後者においては社会的な資質それのみで教育目標を構成する学校が多い。前者においては，個人的な資質と比べて社会的な資質は実際の教育や指導の目標としては達成がより困難，と判断され敬遠されるのかもしれない。その一方で，後者の学校群においては，

社会的な文脈からくる資質をそれのみで比較的簡単に高く掲げてしまうようだ。資質に比べて教育への意識が高くない学校群で、このように社会的な資質や価値観を容易に持ち上げる現状は、学校空間を家庭とも社会とも明確に異なる教育の場として捉えようとする立場からは問題視されうるものであろう。

　以上のような学校の教育目標に関する調査結果を見ると、本来なら教育の専門機関としての性格が明確に出されているべき学校の校訓や教育目標に、教育的要素が希薄であることが読み取れる。代わりに家庭や社会でも容易に掲げられそうな、資質に関する目標が設定されている。これでは学校が家庭や社会の延長線上の存在となり、従って体罰容認の思考が学校現場に含み込まれても仕方ないのではないか。そうした雰囲気を払拭するため、学校現場が教育の専門機関に相応しい独自の規範や意識に拠って運営されることが重要であり、そのためにもしかるべき教育目標を打ち立てて学校に関係する皆がそれを意識しながら活動することが望まれる。

　校訓や教育目標を強調することは、ともすれば教師の教育活動から自由を奪い、また校則等で子どもを縛ることにつながるという見解もあろう。しかし実際は、むしろ逆の方向に進むことの重要性に気づかせてくれるのではなかろうか。この点に関し次の田中のことばは示唆的である。[26]

　　真に避けるべきものは…他者への従属ではないだろうか。…というのも、他人や組織や場に従属しているかぎり、人は真に倫理的に生きられないからである。真に倫理的であることは、他人や組織や場からの自由を必要としているからである。…人は倫理的に成長することで、倫理的に生きることができるようになる。しかし、他者や組織に隷従している人は、その「権力者」「空気」といったものに遠慮し、倫理的に正しく生きることができなくなる。このように考えるなら、希望の平等ではなく、自由の平等が求められるべきだろう。

　これはいわゆる教育格差の問題に関する文脈で書かれた文章である。著者は、本当に批判の対象として取り上げるべきは所得格差や生活水準の違いなどでは

なく，倫理的に生きられない現状であり，倫理的に生きることを妨げている他者や組織への隷属性ではないか，と説く。この説を引くなら，教師が教育倫理学的な素養を身に付け活用するためには，家庭や社会の論理や要望に従っていては難しいのではないだろうか。必要なのは学校に隷属を迫るそうした要素への適応ではなく，学校や教師が教育倫理学的素養を追究できる自由である。そうした自由の必要性に意識的になりながら，教師と子どもを中心とした学校関係者が自分たちの手で自分たちの学校の教育目標を打ち立て，学校を教育の専門機関として再興させることに期待したい。

注

1) 全文の pdf ファイルが首相官邸ホームページより入手可能。
   https://www.kantei.go.jp/jp/singi/kyouikusaisei/pdf/dai1_1.pdf
2) 通知の全文は文部科学省ホームページにて閲覧可能。
   http://www.mext.go.jp/a_menu/shotou/seitoshidou/1331907.htm
3) 全文は文部科学省ホームページにて公開されている。
   http://www.mext.go.jp/a_menu/sports/jyujitsu/__icsFiles/afieldfile/2013/05/27/1335529_1.pdf
4) YOMIURI ONLINE 配信記事（2015年12月26日13時04分配信）
   http://www.yomiuri.co.jp/national/20151226-OYT1T50039.html
5) 広岡義之（編著）『新しい教育原理』ミネルヴァ書房，2011年，p. 147。
6) たとえば，日本睡眠改善協議会（編）『睡眠改善学』ゆまに書房，2008年，田中秀樹『ぐっすり眠る3つの習慣』KKベストセラーズ，2008年。
7) 住田正樹・南博文『子どもたちの「居場所」と対人的世界の現在』九州大学出版会，2003年。
8) 前田研史「発達障害とアタッチメント」『第6回発達支援セミナー』講演レジュメ，2010年。
9) 広岡，前掲『新しい教育原理』，p. 95。
10) ここでは広島県教育委員会の例を挙げた。広島県教育委員会（編）『平成27年度広島県教育資料』広島県教育委員会，2015年，p. 46。
11) 学校不適応対策調査研究協力者会議（編）『登校拒否（不登校）問題について——児童生徒の「心の居場所」づくりを目指して——』文部科学省，1992年，p. 18。
12) 不登校問題に関する調査研究協力者会議（編）『今後の不登校への対応の在り方

第Ⅱ部　体罰概念の明確化と混乱の克服

について（報告）』文部科学省，2003年，p. 17。
13)　国立教育政策研究所（編）『「絆づくり」と「居場所づくり」』（第2版）国立教育政策研究所，2015年（pdfファイル）http://www.nier.go.jp/shido/leaf/leaf02.pdfからダウンロード可能。
14)　ギリガン（著），岩男寿美子（監訳）『もうひとつの声——男女の道徳観のちがいと女性のアイデンティティ』川島書店，1986年。
15)　川本隆史「正義とケアの編み直し——脱中心化と脱集計化に向かって」東京大学教育学部カリキュラム・イノベーション研究会（編）『カリキュラム・イノベーション——新しい学びの創造へ向けて』東京大学出版会，2015年，p. 182。
16)　ノディングズ（著），佐藤学（監訳）『学校におけるケアの挑戦——もう一つの教育を求めて』ゆみる出版，2007年，メイヤロフ（著），田村真・向野宜之（訳）『ケアの本質——生きることの意味』ゆみる出版，2005年。
17)　川本，前掲「正義とケアの編み直し——脱中心化と脱集計化に向かって」，p. 184。
18)　同上書，p. 186。
19)　デュルケーム（著），佐々木交賢（訳）『教育と社会学』誠信書房，1969年，pp. 2-3。
20)　高橋勝「学校という空間——教育人間学の視界から」原聡介（監修），田中智志（編）『教育学の基礎』一藝社，2011年。
21)　広田照幸『ヒューマニティーズ教育学』岩波書店，2009年。
22)　諏訪哲二『オレ様化する子どもたち』中央公論新社，2005年，p. 222。
23)　NHK総合テレビ「ニュースウォッチ9」『体罰無き指導で生徒が挑発』2014年7月31日放送。
24)　諏訪哲二『学校はなぜ壊れたか』筑摩書房，1999年。
25)　長南博昭「第5章学校経営と安全管理　第1節学校経営のあり方」梶田叡一・山極隆編著『教員免許状更新講習テキスト　教育の最新事情』ミネルヴァ書房，2009年，pp. 189-197。本文中の表11-1は当該文献のp. 195に掲載の表を執筆者（角谷）が改編したもの。
26)　田中智志「教育システム——社会の中の教育」原聡介（監修），田中智志（編）『教育学の基礎』一藝社，2011年，pp. 149-150。

結　語

ルソーは『エミール』の第4編の中で次のように述べている。[1)]

　わたしたちはこの地上をなんという速さで過ぎていくことだろう。人生の最初の四分の一は人生の効用を知らないうちに過ぎてしまう。最後の四分の一はまた人生の楽しみが感じられなくなってから過ぎていく。はじめわたしたちはいかに生くべきかを知らない。やがてわたしたちは生きることができなくなる。さらに，この最初と最後の，なんの役にもたたない時期にはさまれた期間にも，わたしたちに残されている時の四分の三は，睡眠，労働，苦痛，拘束，あらゆる種類の苦しみのためについやされる。人生は短い。わずかな時しか生きられないからというよりも，そのわずかな時のあいだにも，わたしたちは人生を楽しむ時をほとんどもたないからだ。死の瞬間が誕生の瞬間からどれほど遠くはなれていたところでだめだ。そのあいだにある時が充実していなければ，人生はやっぱりあまりにも短いことになる。

　このルソーの言葉は重たい。人生の最初の4分の1と最後の4分の1を除き，最初と最後のはさまれた期間（4分の2）の4分の1のみが人生を楽しむことができる時だというのである。これを計算すると，$2/4 \times 1/4 = 1/8$ということになる。ルソーはこの人生の1/8においてさえも，人生を楽しむ時をほとんどもたないという。せめて人生の1/8くらいは充実させたいものである。

　「自然によって定められた時期にそこ（子どもの状態←執筆者（竹田）によ

る）からぬけだす」時期が思春期である。そして、「この危機の時代は、かなり短いとはいえ、長く将来に影響をおよぼす」ことになる。「ちょっとのあいだでも舵を放してはいけない。でなければ、なにもかもだめになってしまう」ことになる。ルソーはこの時期を「第二の誕生」と呼び、「ふつうの教育が終りとなるこの時期こそ、まさにわたしたちの教育をはじめなければならない時期だ」と述べている[2]。

　この思春期におけるルソーの人生観、教育観、子ども観は、子ども期のそれとは大きく異なる。自然の要求に応える消極教育から危機の時代に応える積極教育への移行である。ここでいう積極教育とは、思春期に相応しい必要不可欠な教育であり、大人の（教師の）意のままに生徒を振り回すような教育ではない。ルソーの教育観が消極教育を基本としていることはいうまでもない。それぞれの時期に相応しい教育が自然の要求を無視することなく行われることこそがルソーの主張する教育論であると捉える。

　ルソーは思春期の生徒の状況を次のように表現している[3]。

　　暴風雨に先だってはやくから海が荒れさわぐように、この危険な変化は、あらわれはじめた情念のつぶやきによって予告される。にぶい音をたてて醱酵しているものが危険の近づきつつあることを警告する。気分の変化、たびたびの興奮、たえまない精神の動揺が子どもをほとんど手におえなくする。まえには素直に従っていた人の声も子どもには聞こえなくなる。それは熱病にかかったライオンのようなものだ。子どもは指導者をみとめず、指導されることを欲しなくなる。

　このような時期に教師はどのようにして生徒を指導すればよいのか。体罰による生徒指導は学校教育法第11条但書によって禁止されているのである。すなわち、非体罰による生徒指導しかない。そうであるなら、本来のあるべき正攻法の教育で臨むしかないのである。正攻法の教育とは、エラスムス、ルソー、カントの教育論に見られる人間観、教育観、子ども観、教師観を根底に据えた教育である。

結　語

　体罰概念は「法概念としての体罰」を基本にしなければならない。ここにいう「法概念としての体罰」は，決して単に法理論のみによって体罰概念を捉えようとするものではない。「愛のムチ論」や「スキンシップ論」のような感情的な教育論ではなく，エラスムス，ルソー，カントの教育論に見られるような確かな人間観，教育観，子ども観，教師観に裏付けられた法理論の構築そのものである。執筆者（竹田）は，そうすることによって「法概念としての体罰」を明確にし，体罰概念の混乱を克服することを目指してきた。

　優れた体罰概念は確かな教育論と確かな法理論によって設定されるべきものである。その手段としての教育論と法理論を結びつけるものが，教育倫理学的アプローチであったのである。

注
1) ルソー（著），今野一雄（訳）『エミール中』（岩波文庫33-622-2）岩波書店，1963年，p.5。
2) 同上書，pp.6-8から抜粋。
3) 同上書，p.6。

あ と が き

　執筆者（竹田）が越智貢教授（広島大学大学院文学研究科応用倫理・哲学講座）に初めてお目にかかったのは，今から約20年前のことである。執筆者（竹田）が当時，道徳教育主任として勤務していた中学校（文部省道徳教育研究推進指定校）主催の道徳教育研究大会の講演を依頼した時のことであった。以来，今日までずっとご指導を賜っている。

　本書は，その越智先生に師事することによって完成した博士論文「学校教育法第11条但書（体罰の禁止）に関する研究─応用倫理学的アプローチによって─」をベースにしたものである。

　越智先生は20年来，大学教育のみならず，小学校，中学校，高等学校の道徳教育や生徒指導にも関わってこられた。その結果，「生徒と教師間に「同型性」とも言うべき類似点があること」を指摘された。その根拠に「元気な教師が多い学校には，元気な生徒が多く，逆に，無力感に苛まれた生徒が多い学校には，同種の感情に苦しむ教師が多い」ことを挙げている。[1]

　このことを体罰に当てはめてみると，「体罰教師が多い学校には，乱暴な生徒が多い」ということにならないか。

　大阪市立桜宮高等学校の事件を受けて，福岡県春日市教育委員会が2013年1月，国の調査とは別に小中学校の全教職員（573人）を対象に独自に実施した体罰に関する意識調査の結果が興味深い。[2] その概要は次のとおりである。

　　○体罰は指導上仕方ないという「容認派」が中学で4割，特に40代男性で8割，20代男性でも6割以上もいる。
　　○体罰はいけないと思いながらも他の教員が体罰をしていても注意しない「傍観派」が3割もいる。
　　○体罰は，「態度・言動が許せない」「ばかにされたと感じた」など，生徒

179

の態度に教師が感情的になって行われている。
　○実際に体罰経験のある中学教員のうち，自身が小中高生時代に体罰経験を有している者が9割もいる。[3]

　この調査結果は，体罰容認の意識が現場に広がっていることをうかがわせるものである。
　越智先生の教育を語る基本的なスタンスは，学校教育現場の現状を自らの目で確かめ，その上で応用倫理学の視点から分析・考察し，実践に向けて理論づけすることに見られる。
　本書の目的は，体罰法禁（学校教育法第11条但書によって体罰が禁止されていること）であるにもかかわらず，体罰の実態が依然として解消されないことへの警鐘を鳴らすとともに，教育論と法理論の接点を求めるべく，教育倫理学的アプローチによって，体罰概念の混乱の克服を試みることにあった。そのための手法が，エラスムス，ルソー，カントの教育論に裏付けられた教育倫理学的アプローチであり，その成果として体罰概念の混乱の克服を目指そうとしたことである。

　末筆になったが，いつも熱意と誠意をもって博士論文の指導をしてくださった越智貢先生，陰に陽にご支援をいただいた広島大学大学院文学研究科応用倫理・哲学講座の諸先生方，大学院生，学部生の皆様方，教育学が専門の共同執筆者の角谷昌則先生，そして，快く出版をお引き受けくださり，終始温かくご支援くださったミネルヴァ書房編集部の浅井久仁人氏に衷心より厚く御礼申し上げる。

注
1) 越智貢「倫理学の見直しと学校のモラル」上廣倫理財団（編）『倫理的叡智を求めて』東洋館出版社，2007年，p. 23から抜粋。
2) 毎日新聞「教育現場に根付く体罰」2013年4月27日。
3) 毎日新聞（2013年4月27日）は東京女子体育大学の阿江美恵子教授（スポーツ心理学）による，同大生を対象にした調査から，「高校までの部活動で体罰を受け

あとがき

た経験があるほど,体罰容認の傾向が強いこと」「過去に受けた体罰が指導観に影響を及ぼし,体罰指導が受け継がれている可能性があること」を紹介している。

〈引用文献一覧〉

市川須美子「教師の体罰に関する比較法的検討」牧柾名・今橋盛勝（編）『教師の懲戒と体罰』エイデル研究所，1982年。

今橋盛勝「体罰の法概念・法意識・法規範・法関係」牧柾名・今橋盛勝（編）『教師の懲戒と体罰』エイデル研究所，1982年。

今橋盛勝『教育法と法社会学』三省堂，1983年。

今橋盛勝「体罰・体罰事件・裁判記録・判決を問うことの意味」今橋盛勝・安藤博（編）『教育と体罰』三省堂，1983年。

今橋盛勝『学校教育紛争と法』エイデル研究所，1984年。

浦野東洋一『体罰問題とイギリス教育法制』東京大学教育学部紀要　第24巻，1984年。

エラスムス（著），中城進（訳）『エラスムス教育論』二瓶社，1994年。

越智貢「はじめに」越智貢他（編）『応用倫理学講義6 教育』岩波書店，2005年。

越智貢「倫理学の見直しと学校のモラル」上廣倫理財団（編）『倫理的叡智を求めて』東洋館出版社，2007年。

越智貢「モラルの教育」越智・秋山・谷田・衛藤・上野・後藤・上田『教育と倫理』ナカニシヤ出版，2008年。

学校不適応対策調査研究協力者会議（編）『登校拒否（不登校）問題について—児童生徒の「心の居場所」づくりを目指して—』文部科学省，1992年。

兼子仁『教育法（旧版）』有斐閣，1963年。

川本隆史「正義とケアの編み直し－脱中心化と脱集計化に向かって」東京大学教育学部カリキュラム・イノベーション研究会（編）『カリキュラム・イノベーション——新しい学びの創造へ向けて』東京大学出版会，2015年。

カント（著），湯浅正彦・井上義彦・加藤泰史（訳）『カント全集17　論理学・教育学』岩波書店，2001年。

ギリガン（著），岩男寿美子（監訳）『もうひとつの声——男女の道徳観のちがいと女性のアイデンティティ』川島書店，1986年。

桑原武夫（編）『ルソー』（岩波新書〈青版〉473）岩波書店，1962年。

国立教育政策研究所（編）『「絆づくり」と「居場所づくり」』（第2版）国立教育政策研究所，2015年。

住田正樹・南博文『子どもたちの「居場所」と対人的世界の現在』九州大学出版会，2003年。

諏訪哲二『学校はなぜ壊れたか』筑摩書房，1999年。

諏訪哲二『オレ様化する子どもたち』中央公論新社，2005年。

竹田敏彦「ミュージカルの創作による道徳教育①」『道徳教育2月号 No. 668』明治図書，2014年。

竹田敏彦「ミュージカルの創作による道徳教育②」『道徳教育3月号 No. 669』明治図書，2014年。

田中智志「教育システム——社会の中の教育」原聡介（監修）田中智志（編）『教育学の基礎』一藝社，2011年。

デュルケーム（著），佐々木交賢（訳）『教育と社会学』誠信書房，1969年。

寺崎弘昭「体罰否定の教育史的意義」教育科学研究会（編）『教育（461号）』国土社，1985年。

長南博昭「第5章学校経営と安全管理　第1節学校経営のあり方」梶田叡一・山極隆（編者）『教員免許状更新講習テキスト教育の最新事情』ミネルヴァ書房，2009年。

ノディングズ（著），佐藤学（監訳）『学校におけるケアの挑戦——もう一つの教育を求めて』ゆみる出版，2007年。

長谷川幸介「体罰判例の教育法的検討」牧柾名・今橋盛勝（編）『教師の懲戒と体罰』エイデル研究所，1982年。

広岡義之（編著）『新しい教育原理』ミネルヴァ書房，2011年。

広島県教育委員会（編）『平成27年度広島県教育資料』広島県教育委員会，2015年。

不登校問題に関する調査研究協力者会議（編）『今後の不登校への対応の在り方について（報告）』文部科学省，2003年。

前田研史「発達障害とアタッチメント」『第6回発達支援セミナー』講演レジュメ，2010年。

牧柾名「教師の懲戒権の教育法的検討」牧柾名・今橋盛勝（編）『教師の懲戒と体罰』エイデル研究所，1982年。

牧柾名・今橋盛勝（編）『教師の懲戒と体罰』エイデル研究所，1982年。

丸山恭司「教育現場の暴力性と学習者の他者性」越智貢他（編）『応用倫理学講義6 教育』岩波書店，2005年。

メイヤロフ（著），田村真・向野宜之（訳）『ケアの本質——生きることの意味』ゆみる出版，2005年。

ルソー（著），今野一雄（訳）『エミール上』（岩波文庫33-622-1），岩波書店，1962年。

ルソー（著），今野一雄（訳）『エミール中』（岩波文庫33-622-2），岩波書店，1963年。

「Global Initiative to End All Corporal Punishment of Children」のウェブサイト（www.endcorporalpanishment.org）2015.12.4検索

YOMIURI ONLINE 配信記事（2015年12月26日13時04分配信）
http://www.yomiuri.co.jp/national/20151226-OYT1T50039.html

NHK 総合テレビ「ニュースウォッチ9」『体罰無き指導で生徒が挑発』2014年7月31日放送。

〈参考文献一覧〉

芦部信喜（編）『憲法Ⅲ人権（2）』有斐閣，1981年。
今橋盛勝（編）『教育実践と子どもの人権』青木書店，1985年。
上田吉一『自己実現の教育』黎明書房，1983年。
江森一郎『体罰の社会史』新曜社，1989年。
大谷実『刑事責任の基礎』成文堂，1968年。
大谷実『人格責任論の研究』慶應通信，1972年。
沖原豊『体罰』第一法規，1980年。
兼子仁『教育法（新版）』有斐閣，1978年。
川島武宜『日本人の法意識』岩波書店，1967年。
坂本秀夫『生徒懲戒の研究』学陽書房，1982年。
坂本秀夫『教師にとって法とは何か——新しい教師像を求めて』エイデル研究所，1984年。
坂本秀夫『体罰の研究』三一書房，1995年。
杉田荘治『学校教育と体罰——日本と米・英の体罰判例』学苑社，1983年。
高橋勝「学校という空間〜教育人間学の視界から〜」原聡介（監修），田中智志（編）『教育学の基礎』一藝社，2011年。
田中秀樹『ぐっすり眠る3つの習慣』KKベストセラーズ，2008年。
徳永・堤・宮嶋『対話への道徳教育』ナカニシヤ出版，1997年。
徳永・堤・宮嶋・林・榊原『道徳教育論——対話による対話への教育』ナカニシヤ出版，2003年。
永井・今橋『教育法入門』日本評論社，1985年。
なだいなだ『権威と権力』岩波書店，1984年。
日本睡眠改善協議会（編）『睡眠改善学』ゆまに書房，2008年。
林泰成（編）『ケアする心を育む道徳教育』北大路書房，2000年。
広田照幸（著）『ヒューマニティーズ教育学』岩波書店，2009年。
星野・牧・今橋（編）『体罰と子供の人権』エイデル研究所，1984年。
A. ミラー（著），山下公子（訳）『魂の殺人　親は子どもに何をしたか』新曜社，1983年。
本村・三好（編）『体罰ゼロの学校づくり』ぎょうせい，2013年。
山岸明子『道徳性の発達に関する実証的・理論的研究』風間書房，1995年。
ルソー（著），今野一雄（訳）『エミール下』（岩波文庫33-622-3）岩波書店，1964年。
渡辺洋三『法というものの考え方』岩波書店，1972年。

〈編著者紹介〉（担当部）

竹田敏彦（たけだ・としひこ）　序章，第1章～第9章，補説，第10章，結語，
　　　　　　　　　　　　　　　　あとがき

〈経歴〉

同志社大学法学部法律学科卒業［法学士］，兵庫教育大学大学院学校教育研究科修士課程修了［教育学修士］，広島大学大学院文学研究科博士課程後期修了［博士（文学）＊応用倫理学］／広島県公立中学校教諭，広島大学附属三原中学校教諭，広島県立教育センター指導主事・企画部長・副所長，広島県教育委員会事務局教育事務所長，広島県公立中学校長，広島大学附属学校再編計画室長，尾道市立大学非常勤講師，広島大学大学院教育学研究科非常勤講師，広島国際大学心理科学部教職教室教授（主任）／安田女子大学教職センター教授（現職）／日本道徳性発達実践学会常任理事

〈主な著書〉

『道徳と心の教育』（共著）ミネルヴァ書房（2001）／『モラルジレンマ資料と授業展開（中学校編第2集）』（共著）明治図書（2005）／『新教育課程の授業戦略 No. 4―各教科でおこなう道徳的指導―』（共著）教育開発研究所（2009）／『心に響く道徳教育の創造―道徳教育が学校を変えた―』（監修・共著）三省堂（2010）／『モラルジレンマ教材でする白熱討論の道徳授業（中学校・高等学校編）』（共著）明治図書（2013）／『「私たちの道徳」教材別ワークシート集（中学校編）』（共著）明治図書（2015）

〈主な学術論文〉

「豊かな心と確かな学力を育むこれからの教育―国及び広島県の教育改革の動向を踏まえて―」（単著）『児童教育研究』第15号 pp. 97-105 安田女子大学児童教育学会（2006）／「全国学力・学習状況調査を授業改善にどう生かすか」（単著）『教育研究ジャーナル』第4号 pp. 81-84 中国四国教育学会（2008）／「新学指導要領と新しい道徳教育の展開を考える」（単著）『道徳性発達研究』第4巻第1号 pp. 22-31 日本道徳性発達実践学会（2009）／「ミュージカルの創作（総合的な学習の時間）による道徳教育の推進―言葉の力と体験の力によって"響き合う力"を育む―」（単著）『道徳性発達研究』第7巻第1号 pp. 35-41 日本道徳性発達実践学会（2011）／「学校教育法第11条但書（体罰の禁止）に関する研究（Ⅰ）―教育倫理学的アプローチによって―」（単著）『教育論叢』第6号 pp. 3-17 広島国際大学心理科学部教職教室（2014）／「学校教育法第11条但書（体罰の禁止）に関する研究（Ⅱ）―教育倫理学的アプローチによって―」（単著）『教育論叢』第7号 pp. 3-24 広島国際大学心理科学部教職教室（2015）

〈執筆者紹介〉（担当部）

角谷昌則（かくたに・まさのり）　第11章

〈経歴〉
東京大学教育学部教育行政学科卒業，英国ロンドン大学インスティテュート・オブ・エデュケーション修士課程修了［MA（開発教育学）］，英国ロンドン大学インスティテュート・オブ・エデュケーション博士課程修了［PhD（比較教育学）］／東京大学大学院教育学研究科教育学研究員，広島国際大学心理科学部教職教室専任講師，東洋大学生命科学部准教授（現職）

〈主な著書〉
『シンガポールの教育改革―現行制度の誕生と英語・道徳・エリート教育について―』東京大学教育学部基礎学力研究開発センターワーキング・ペーパー・シリーズ第9巻（2004）／『Gross National Happiness: Practice and Measurement』（共著）The Centre for Bhutan Studies（2009）／『「私たちの道徳」教材別ワークシート集中学校編』（共著）明治図書（2015）

〈主な学術論文〉
「学制再考―近代科学主義の実験場としての学制改革―」（単著）『東京大学大学院教育学研究科教育学研究室紀要』第29号 pp. 25-35（2003）／「In Teaching and Learning a Sensuous Art ― The Case of Traditional Japanese Archery ―」（単著）『Paragrana』第13巻第2号 pp. 311-322 Akademie Verlag（2004）／「近代科学と明治初期教育政策―教育令を中心として―」（単著）『国立教育政策研究所年報』第134集 pp. 155-169国立教育政策研究所（2005）／「ブータンの教育政策動向」（単著）『日本教育政策学会年報』第21号 pp. 221-228日本教育政策学会（2014）／「自己教師化を求められる子どもたち―先の見えない時代の教育の姿とは―」（単著）『教育論叢』第7号 pp. 65-80広島国際大学心理科学部教職教室（2015）／「グローバル人材育成論の教育思想の探求―3種類の分析概念による検討を通じて―」（単著）『広島国際大学心理学部紀要』第3巻 pp. 9-20 広島国際大学心理学部（2015）／「道徳科授業への「内容の改善」と「指導方法の工夫」の取り込み―学習指導要領一部改正に対応する道徳科授業をめざす―」（佐藤修司・秋田大学教育文化学部教授との共著）『秋田大学教育文化学部教育実践研究紀要』第38号 pp. 155-164 秋田大学教育文化学部教育実践研究センター（2016）／「道徳授業と求められる教師の教育的'介在力'」（単著）『道徳性発達研究』第10巻 pp. 82-91 日本道徳性発達実践学会（2016）

なぜ学校での体罰はなくならないのか
——教育倫理学的アプローチで体罰概念を質す——

2016年12月5日　初版第1刷発行　　〈検印省略〉

定価はカバーに
表示しています

編著者	竹　田　敏　彦
発行者	杉　田　啓　三
印刷者	中　村　勝　弘

発行所　株式会社　ミネルヴァ書房
607-8494　京都市山科区日ノ岡堤谷町1
電話(075)581-5191／振替01020-0-8076

Ⓒ 竹田敏彦ほか, 2016　　中村印刷・新生製本

ISBN978-4-623-07699-4
Printed in Japan

教職をめざす人のための 教育用語・法規
広岡義之 編　四六判312頁　本体2000円
- 194あまりの人名と，最新の教育時事用語もふくめた約863の項目をコンパクトにわかりやすく解説。教員採用試験に頻出の法令など，役立つ資料も掲載した。

これからの学校教育と教師──「失敗」から学ぶ教師論入門
佐々木司・三山 緑 編著　A5判190頁　本体2200円
- 教職「教育原理」「教職の意義等にかんする科目」向けの入門書。各章末で，現在教壇に立つ現場教員の「失敗・挫折」を扱ったエピソードを紹介，本文と合わせて，そこから「何を学ぶのか」，わかりやすく解説する。

教育実践研究の方法──SPSS と Amos を用いた統計分析入門
篠原正典 編著　A5判220頁　本体2400円
- 分析したい内容項目と分析手法のマッチングについて，知りたい内容や結果から，それを導き出すための分統計分析方法がわかるように構成した。統計に関する基礎知識がない人，SPSS や Amos を使ったことがない人でも理解できるよう，その考え方と手順を平易に解説した。

事例で学ぶ学校の安全と事故防止
添田久美子・石井拓児 編著　B5判156頁　本体2400円
- 「事故は起こるもの」と考えるべき。授業中，登下校時，部活の最中，給食で…，児童・生徒が巻き込まれる事故が起こったとき，あなたは──。学校の内外での多様な事故について，何をどのように考えるのか，防止のためのポイントは何か，指導者が配慮すべき点は何か，を具体的にわかりやすく，裁判例も用いながら解説する。学校関係者必携の一冊。

──── ミネルヴァ書房 ────
http://www.minervashobo.co.jp/